KB265705

슬픔이
밀려올 때

슬픔이 밀려올 때

컬크 니일리 지음 | 지인성 · 다니엘 최 옮김

행복우물

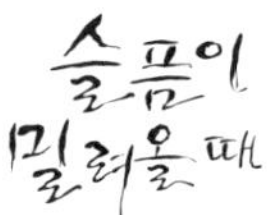

초판 1쇄 발행 2008년 12월 15일

지 은 이   컬크 니일리 목사
옮 긴 이   지인성 · 다니엘 최
펴 낸 이   최대석
펴 낸 곳   **행복우물**

디 자 인   콩디자인 (02-714-7833)
일러스트   정병권

등록번호   제307-2007-14호
등 록 일   2006년 10월 27일

주   소   경기도 가평군 가평읍 경반리 173

전   화   031) 581-0491
팩   스   031) 581-0492
이 메 일   danielcds@naver.com

ISBN 978-89-93525-01-4   03230
정가 12,000원

기쁠 때나 슬플 때나 언제나 함께 동행하여 준
나의 가장 친한 친구이자 동반자인 아내 클레어에게.

목차

| 감사의 글 |

나는 감사한다.

모닝사이드 침례교회의 모든 교인들에게. 그들은 나에게 목사로서 봉사할 수 있는 특권을 주었을 뿐 아니라, 글을 쓰는 것이 목회사역의 일부임을 이해해 주었다.

*가장 훌륭하고 탁월한 비서인 캐티 그린에게.

*빅키 크림턴, 폴 브링커호프, 그 밖에 많은 베이커 퍼블리싱 그룹의 임직원들에게. 그들의 수고와 도움으로 이 책이 완성되었다.

*편집인이자 에이전트인 재닛 토마에게. 그녀의 도움으로 이 책이 빛을 보게 되었다.

*나의 목사로서의 재능을 알아보고 나를 목회의 길로 인도해 주신 테오론 프라이스에게.

*멘토이자 역할 모델인 캐릴 마니에게. 그 분은 내게 가르치고, 설교하고, 글 쓰는 것이 결국 같은 일임을 알려 주셨다.

*웨인 오츠에게. 그 분은 나에게 슬픔의 본질을 이해시켜 주셨고 그것을 극복하는 방법도 알려 주셨다.

*어머니와 아버지, 그리고 어느 누구보다도 아내 클레어에게.

물론 책을 읽는다는 건 즐거운 일이지만, 나는 읽기와 울기를 동시에 한다는 게 얼마나 힘든 일인지를 최근에야 겨우 알았다. 그래서 나는 이 책을 쓰면서 쓰다가는 쉬고, 또 쉬다가는 쓰고 하기를 반복했다. 쓰건 읽건 간에 우리들의 인생이란 슬픔과 후회, 죽음과 죽어감의 반복이며, 때때로 그 사이 사이에 잠깐의 휴식이 있을 뿐이다.

당신 자신에게 관대하라. 나는 이 책이 당신에게 부담이 되어서는 안 되며, 오히려 작은 축복이 되어야 한다고 생각한다. 단번에 이 책을 다 읽으려고 할 필요는 없다. 이 책은 잠시 읽다가 쉬고, 또 다시 와서 읽게 끔 만들어졌다. 나는 당신의 가슴이 무너져 내릴 때 책을 읽는다는 게 얼마나 힘든지를 잘 알고 있다. 눈에 눈물이 가득할 때는 또 어떤가?

여기 슬픔이란 어둡고 깊은 숲 속에서 지름길을 발견하는데 도움이 될 만한 몇 가지 정보가 있다.

*이 책에는 자세한 목차가 있다. 그러므로 당신은 자신이 당한 슬픔과 상실에 위로가 될 만한 적합한 부분을 골라서 먼저 읽으라.

*이 책 맨 뒤에 위로가 되는 성경구절들을 한군데 묶어 놓았다. 상황에 맞는 구절을 찾아 읽으면 큰 위로를 받게 될 것이다.

＊슬픔과 상실에 관한 책들이 많이 있지만, 특별히 슬픔을 당한 사람들에게 유용하리라고 생각되는 책들을 몇 권 추천하였다. 이 책의 끝 부분을 참고하기 바란다.

그러나 내가 이 책에서 더 이상 줄 수 없는 것들도 있다. 이 책을 읽으면서 함께 참고하면 좋을 것들이다.

＊슬픔을 달래 줄 만한 음료를 마시기를 권한다. 어느 것이 됐던 그것이 당신에게 위안이 된다고 생각하면 선택해서 마시라.
＊부드러운 음식, 달콤한 초콜릿 같은 게 도움이 된다.
＊어떤 상황이라도 가벼운 농담을 잃지 말라. 당신이 해야 할 일이 오로지

슬퍼하고 비통해 하는 것뿐이라면, 그 여행은 너무나도 가혹할 것이다.

*한 통의 휴지. 울어야 한다면 실컷 울어라. 그럴 때면 성경에서 예수님도 자주 우셨다는 사실을 기억하라.

아마도 당신은 이런 이야기를 들어 보았을 것이다.

"상황은 아주 절망적이었습니다. 그 때 누군가가 말했지요. '자, 브라보! 이것보다 더 나빠질 수도 있어.' 그래서 나는 건배를 했지요. 그랬더니 정말 더 나쁜 상황이 찾아 온겁니다."

우리가 슬픔을 당했을 때, 억지로 상황을 반전시키려는 노력은 종종 더 나쁜 결과를 초래한다. 그러므로 이 책은 Cheer Up!을 외치는 책이 아니다. 오히려 이 책은 잔잔한 격려를 주기 위한 책이다. 그 속에서 하나님의 사랑과 연민을 느낄 수 있게 씌어 진 책이다.

내게는 확실한 믿음이 있다. 그것은 하나님이 지금껏 나와 함께 하셨듯이, 똑 같은 원리로 당신과도 함께 하실 것이라는 믿음 말이다.

너무나도 지치고 힘들어서 기도조차도 할 수 없는 때가 있다는 것도 잘 안다. 그럴 때면 하나님이 계시지 않은 것은 아닌가, 나를 버리신 것은 아닌가 하는 의심도 들 것이다. 내게도 그런 때가 있었다. 나는 그럴 때에 누군가가 나를 위해서 기도하고 있다는 생각을 하면서 그 시련을 극복했다.

나는 이렇게 기도한다. 하나님이 그의 온갖 자비하심과 은총으로 당신의 아픈 상처를 싸매어 주시고 당신에게 새 힘을 주시기를.

당신을 사랑하며,

Kirk H. Neely

슬픔과 친해지기

"오늘의 슬픔을 딛고 내일의 희망을 품게하는 작은 선물"

이 책은 나의 목회생활 40년을 통해서 얻은 통찰력과 개인적인 경험들의 바탕 위에서 씌어 진 것이다. 이 책의 목차는 슬픔 세미나에서 행한 강의내용과 카운슬링 교사들과 소그룹 지도자들을 인도할 때의 경험들을 정리한 것이다.

제1부는 슬픔으로 향하는 우리들의 여행과 죽음이란 용어를 이해하는데 도움이 될것이다. 죽음은 갑작스런 침입자처럼 우리 삶 속에 파고 들어와 우리들을 충격 속으로 몰아 넣는다. 그러나 또 다른 때에 죽음은 마치 축복처럼 다가오기도 한다. 특히 고인이 오랜 질병으로 고통 속에서 시달려 왔을 때는 더욱 그렇다. 어떤 경우가 되었건, 우리들은 예상할 수 있는 단계와 과정들을 미리 체험함으로써 그 슬픔의 충격을 완화시킬 수 있을 것이다.

제2부는 우리들이 연속적인 만남과 이별의 과정을 통하여서 슬픔을 배워가는 방법을 설명하고 있다. 여기에는 우리들이 사랑하던 애완동물들의 죽음, 연애에서의 실패, 가족과의 이별, 어렸을 때의 장례식 경험들이 포함되어 있다. 어른이 되고 나서는 자녀들이 출가하는 게 슬픔의 경험이 될 수도 있다. 이 장에서는 슬픔을 당한 어린이들을 위로해 주는기법들이 설명되어 있다. 아직 슬픔을 접해보지 못한 어린이들을 잘 지도하는 것은 또한

어른들의 당연한 책무이기 때문이다.

제3부는 우리들이 슬픔을 당한 중에도 하나님의 은총을 발견하는 길을 제시하고 있다. 슬픔의 와중에도 우리들에게 보여주는 사인이나 상징물들을 통해 우리들은 하나님의 놀라운 자비와 인도하심을 체험하게 될 것이다. 여기에도 나의 경험과 간증이 들어있다. 나는 지금껏 나와 함께 길을 걸어온 많은 사람들에게 빚을 지고 있다. 그들 중에는 이미 세상을 떠나서 내가 하늘나라에 도착하기만을 기다리는 가족들도 있고 −사랑하는 아들 에릭을 포함해서− 아직도 나와 함께 웃으며, 울며, 사랑하며 살아가는 사람들도 있다.

이 책의 상당부분은 나의 가족들의 이야기이다. 여덟 형제자매 중의 맏이로서, 그리고 36명의 손자손녀들의 두 번째 맏이로서, 나는 대가족의 일원이 되면 참 많은 장례식에 참가해야 한다는 걸 배웠다. 나 자신이 목사로서, 숙모, 삼촌, 조카, 사촌, 그리고 또 많은 처갓집 식구들에 이르기까지, 많은 장례 예배를 집전했다. 불과 몇 달 사이에, 나는 장모님의 장례식과, 29세된 아들의 장례식과, 나의 친어머니의 장례식을 연달아 치른 경험도 있다. 그 때의 그 상실감이란 말로 다 표현할 수가 없다. 그래서 나는 이 책을 슬픔의 여행길을 여행하는 순례자의 기분으로, 또 때로는 천국을 소망하는 목사의 심정으로 썼다.

이사야 선지자는 메시아의 탄생 예언에서 장차 오실 그리스도를 '슬픔에 친숙한 분' 이라고 묘사했다. 예수님은 예루살렘을 보고 통곡하셨으며, 나사로의 무덤 앞에서도 우셨다. 성경의 곳곳에는 슬픈 장면들이 많이 등장한다.

나는 살아오면서 여러 가지 이별과 상실을 겪을 때마다, 우리들이 결코 혼자가 아니라는 사실을 경험했다. 우리들이 죽음의 골짜기를 여행할 때조차도, 선한 목자께서는 우리들의 손을 잡고 동행하신다. 예수님께서 우리들 상처받은 영혼들에게 위로와 평안을 주시듯이, 이미 슬픔을 경험한 우리들도 처음으로 상실을 경험하는 사람들에게 따뜻하게 다가가 위로해주어야만 하는 것이다.

나는 이 책이 당신과 친구들에게 좋은 선물이 되기를 희망한다. 당신에게 슬픔이 찾아올 때, 이 책이 오늘의 슬픔을 딛고 내일의 희망을 품게 하는 선물이 되길 바란다. 그래서 당신이 그 강인함으로 다른 사람들에게 '위로'라는 선물을 줄 수 있는 사람이 되기를 기도한다.

슬픔을 향해
떠나는 여행

제 **1** 장

갑작스런 죽음 뒤에
찾아오는 슬픔의 단계들

우리 아들 에릭은 그 누구에도 뒤지지 않는 훌륭한 기자였다. 책상에 가만히 앉아 있기 보다는 여기저기 전화를 해대면서 뭔가 좋은 기사거리가 없나 알아보는, 한마디로 부지런한 리포터였다. 대학 졸업 후 첫 번째 잡은 직업이 기자였는데, 그 아이는 처음 몇 주간을 길거리에서 집이 없는 사람들과 함께 노숙하며 지냈다. 그의 친한 친구인 사진기자 토머스와 함께 노숙자들에 관한 특집기사를 써서 노스캐롤라이나의 스파르탄버그라는 작은 도시공동체에 노숙자문제를 사회문제화 하여 많은 사람들의 공감을 불러일으켰다.

일요신문인 《찰스턴 포스트 앤 쿠리어》 지(誌)가 에릭을 고용하면서 북부 찰스턴 지역을 맡도록 했을 때, 에릭과 며느리인 준은 찰스턴으로 이사를 했다. 시골 조그마한 지역의 가십거리나 교육문제 관련 취재와 같이, 맨 처음에 에릭에게 맡겨진 일은 사실 그 아이의 적성에 별로 맞는 일은 아니었다. 그래도 아들은 온종일 커뮤니티 사무실이나 교육모임 같은 데를 들락

거리면서 열성을 다하여 기사거리를 찾아 헤매었다. 에릭이 어느 날 내게 말했다.

"작은 신문사이긴 하지만 그래도 제게 사무실을 주고 노트북을 사 주었잖아요."

고용되자마자, 에릭은 토요일에 근무하고 대신 월요일에 쉴 수 없느냐고 물었다. 대다수의 기자들이 주말에 쉬는 것을 선호하였기 때문에 편집장은 매우 기뻐하면서 그의 요청을 기꺼이 수락해 주었다. 편집장뿐만이 아니라 《찰스턴 포스트 앤 쿠리어》 신문사의 모든 간부들이 에릭의 그런 결정을 반겼다. 회사는 그 아이에게 한 가지 조건을 내걸었는데, 그건 다름 아니라 토요일에 반드시 찰스턴 시내에 있는 본사에서 근무해야 한다는 조건이었다. 그런 요구는 그야말로 '울고 싶을 때 뺨을 때려주는' 격이었다. 에릭은 찰스턴 시내 번화가에서 취재하기를 원했기 때문이었다.

이 일이 있은 후, 에릭은 자기의 기쁨을 감추지 못하고 내게 전화를 해 왔다.

"아버지, 난 특집기사를 하나 쓸 거예요. 일요일자 1면을 장식할 특집기사 말이에요!"

에릭이 그런 특종을 찾아내고 쓰기까지는 정말 딱 두 주 밖에 걸리지 않았다.

우크라이나 선원들이 탄 배가 찰스턴에 좌초한 것이었다. 선장은 그들을 버리고 어디론가 잠적해 버렸다. 선원들은 급료를 받지 못했으며 그들의 보급품도 다 떨어져 갔다. 그 소식을 듣자마자, 에릭은 그 지역의 기독교 자선구호단체인 '사마리아인의 지갑'이라는기관에 도움을 요청했다. 그 단

체에선 긴급히 작은 배에 식량, 신선한 물, 그리고 의약품을 실어 보내왔다. 에릭은 배 위에 올라가서 선원들과 인터뷰를 하면서 사진을 찍었다. 그 기사는 정말 일요일자 신문의 제1면을 장식했다. 아들은 그 지역 공동체에서 그가 활동할 틈새를 발견한 것이었다.

아내 클레어와 나는, 비록 작은 성공이긴 하지만, 아들의 성공 소식에 특별한 기쁨을 느낄 수 있었다. 아들은 여섯 살 때 간질증세가 있다는 판정을 받았으며, 그 결과 한 달 정도 병원에 수용되었던 경험이 있었다. 에릭이 사춘기가 되어 가면서 그 증세는 더욱 악화되었다. 그래도 그 아이는 전혀 위축되지 않고 잘 지냈다. 에릭은 보이스카웃 소년들에게 주는 최고의 영예인 독수리 상을 세 번이나 받았으며, 전미(全美) 보이스카웃 잼보리에 세 번이나 참가하였다. 고등학교 시절에는 미식축구팀의 주 공격수로 활약했으며, 사우스캐럴라이나 주에서 '올해의 선수상' 을 받는 영광을 누리기도 했다. 그 아이는 대학교 때에도 미식축구 선수로 활약했으며, 그의 눈부신 활약은 심한 다리부상으로 인해 선수생활을 그만 두어야 할 때까지 계속되었다.

아내와 나는 아들의 찰스턴 생활을 적극적으로 지원해 주었다. 우리는 일요일 판《찰스턴 포스트 앤 쿠리어》지를 정기구독 신청했으며, 매번 신문을 받을 때마다 신문에 아들이 쓴 기사가 없는지 꼼꼼히 살폈다. 북 찰스턴 지역에서 근무한지 일 년 정도가 지나자 신문사는 아들을 본사로 발령 내었다. 아들에게 새롭게 맡겨진 일은 찰스턴 도시지역 전체의 경찰과 관련된 취재를 하는 것이었다.

2000년 11월 14일 밤, 에릭은 12시가 되기 조금 전에 전화를 받았다. 당시 에릭은 어떤 어머니에 관한 비극적인 기사에 매달리고 있었는데, 그녀는 며칠 전에 자기 아이들 세명 중 두 명을 살해한 혐의로 구속되어 있었다. 그녀는 경찰조사에서, 자기는 하나님으로부터 자기 아이들을 죽이라는 명령을 받았다고 진술했다는 것이었다. 에릭은 아이들이 다니던 학교를 찾아 가서 선생님들과 상담전문 교사, 그리고 급우들을 만나 보았다. 희생된 아이들의 할머니도 만나보았다. 어머니는 이미 구속되어서 인터뷰가 불가능했다. 그 화요일 밤 전화 통화에서 에릭은 이렇게 말했다.

"이건 단순한 경찰 이야기가 아니에요. 단순한 살인사건이 아니라니까요. 이건 종교가 잘못된 길로 간 이야기라고요."

죽은 아이들의 할머니와, 어머니와 살아남은 한 아이, 그리고 그들을 둘러싸고 있는 많은 사람들에 대한 에릭의 연민은 나를 한동안 충격 속으로 몰아넣었다. 아들은 오랜기간 동안 목회생활을 한 나의 도움을 필요로 했다. 그는 나의 경험에서 우러나오는 어떤 깊은 통찰력을 원했다. 그래서 그걸 인용하여 훌륭하고 감동적인 기사를 써서 찰스턴 지역 주민들에게 잃어버린 상식을 일깨어주고 싶었던 것이었다. 우리들은 한 시간 이상을 서로 그 문제를 가지고 이야기하면서 마지막엔 언제나처럼 서로 '사랑한다.' 라는 말로 대화를 끝마쳤다. 이게 나의 사랑하는 아들과의 마지막 대화였다.

그 다음날, 그러니까 수요일 이른 아침에 며느리인 준이 전화를 해 왔다.

"빨리 좀 와 주세요. 큰 문제가 생겼어요. 여기 구급차도 와 있어요. 에릭이 숨을 쉬지않아요. 병원에서 뵐게요!"

나는 급히 찰스턴 메디컬센터에서 원목(院牧)으로 근무하고 있는 매제, 테리 윌슨에게 전화했다.

나와 아내 클레어는 급히 사우스캐럴라이나의 스파르탄버그에 있는 우리 집을 떠나서 200마일 거리에 있는 찰스턴을 향했다. 그 병원에 도착하는 두 세 시간 동안, 나와 아내는 에릭과 그 아내 준과 응급요원들, 의사들, 그리고 매제를 위해서 기도했다. 아들과 며느리는 풀먼 대학교에서 처음 만났다. 아들은 며느리보다 2년 먼저 졸업했다. 준이 대학을 졸업하자마자 곧바로 치른 아들 내외의 결혼식은 축복, 그 자체였다. 그것은 에릭과 준에게는 가장 큰 기쁨이었다.

찰스턴에 절반 정도 쯤 왔을 때, 며느리 준이 전화를 해 왔다. 그녀는 매제인 테리의 병원 집무실에 있다고 했다. 에릭은 병원에 도착하기 전에 이미 사망했다는 판정을 받았다고 했다. 사망 원인은 '급성 발작증'이라고 했다. (수 주일 후에 정식 사망진단서가 나왔는데 그것 역시도 사망 당시의 검시관의 보고와 일치했다.) 병원에 도착하는 나머지 시간 동안, 나와 아내는 며느리 준을 위해서 기도했다. 또 우리의 남아있는 네 명의 자녀들을 위해서, 일가 친척들을 위해서, 우리가 섬기는 교회를 위해서, 그리고 우리들을 위해서 기도했다. 아내는 우리들이 자주 암송하는 성경구절을 조용히 읊조렸다.

> **"영원하신 하나님이 너의 쳐소가 되시니, 그의 영원하신 팔이 네 아래 있도다."**
>
> – 신명기 33:27

에릭의 죽음은 내게 고독의 골짜기를 걷게 하는 시련을 몰고 왔다. 나는 그런 골짜기를 예전에도 지나가 본 적이 있었지만 이번 만큼은 훨씬 더 깊고, 길고, 어두운 골짜기였다. 어느 시인이 말했듯이 그건 정말 외로운 길이었다.

> 당신은 그 외로운 골짜기를 지나야만 하네.
> 혼자서 가야만 하네.
> 아무도 그 길을 대신 가 줄 수 없네.
> 당신 스스로 지나가야 하네.

《믿는 자의 삶에서의 고뇌 : Anxiety in Christian Experience》에서 저자인 웨인 오츠는 '슬픔에 따른 갈등'이라는 장을 만들었는데, 그는 여기에서 여섯 가지 슬픔의 단계를 설명하였다. 나는 그의 지혜를 지난 40년간 나의 목회생활에서 활용하였다. 아들이 죽고 난 후, 그 여섯 가지 단계로 옮겨가면서 깨달은 사실이 하나 있다. 나는 언제나 혼자가 아니었다는 점 말이다.

첫 번째 단계 : 처음 충격

앞이 캄캄하고 아무것도 보이지 않는다. 따귀를 맞은 듯 얼얼하다. 얼음을 삼킨 것 같다. 열차에 치인 것 같다. 큰 트레일러가 내 위로 지나간 것 같다. 이런 표현들은 갑작스런 죽음의 소식을 접한 후 모든 사람들이 공통으로 하는 말들이다.

에릭이 죽은 날 밤, 아내 클레어와 나는 처남 부부와 함께 지냈다. 나는 처남 벤이 슬픔에 잠겨있는 누나에게 한 첫 번째 말을 결코 잊지 못한다. 벤은 누나를 끌어안으며 이렇게 말했다.

"아무 말도 하지 마."

내 할아버지가 그랬던 것처럼, 벤은 언제나 말이 없는 조용한 사람이었다. 다른 사람들이 여러 가지 말로 위로해 주려고 했던 것 보다도, 벤의 이 한마디는 아내 클레어에게 더 큰 위안이 되었다.

최소한의 말은 사랑하는 이를 잃은 사람에게는, 더구나 그것이 갑작스런 죽음이었다면, 더욱 큰 위로가 된다.

성경을 보면 욥의 친구들이 욥을 위로하러 찾아온다. 그들은 7일간을 함께 지내며 아무 말도 하지 않는다. 그들의 침묵은 욥에게 큰 위로가 되었다. 그러나 그 후, 그들은 욥에게 그 갑작스런 재앙의 원인을 각기 나름대로 설명하려고 애쓴다. 그러나 결과적으로 그들의 그런 설명은 욥의 상처를 더욱 악화시키고 욥을 격분하게 만든다.

사람들이 슬픔을 나타내는 방법은 다양하다. 처남 벤과 그 아내 패트리시아는 찰스턴 근처의 작은 섬에 살고 있었다. 에릭이 죽고 나서 며칠 후,

나는 새벽 먼동이 트기 전에 간단히 짐을 꾸려서 그 섬이 있는 바닷가로 향했다. 11월의 차가운 바람이 내 뺨을 때렸다. 저 멀리 등대불도 보였다. 나는 등대가 있는 곳까지 걸어갔다. 파도소리와 찝찔한 바닷가의 냄새가 나를 더욱 슬프게 만들었다. 나는 그곳에 앉아서 목 놓아 울었다. 지금껏 나는 삼촌을 잃었고, 숙모를 잃었고, 또 많은 친척들과 친구들을 잃었다. 그 때의 슬픔들이 철썩이는 파도와 같은 것이었다면, 지금의 슬픔은 마치 거대한 해일(海溢)이 나를 덮친 것 같은 충격이었다. 아마도 다윗이 당시의 내 심정을 가장 잘 표현해 주었으리라.

"하나님이여, 나를 구원하소서. 물들이 내 영혼까지 흘러들어 왔나이다.

내가 설 곳이 없는 깊은 수렁에 빠지며 깊은 물에 들어가니 큰물이 내게 넘치나이다.

나를 수렁에서 건지사 빠지지 말게 하시고, 나를 미워하는 자에게서와 깊은 물에서 건지소서.

큰물이 나를 엄몰(淹沒)하거나 깊음이 나를 삼키지 못하게 하시며, 웅덩이로 내 위에 그 입을 닫지 못하게 하소서."

- 시편 69:1~2, 14~15

충격에 빠져있는 사람에게는 실질적인 도움이 필요하다.

친척들과 친구들이 몰려왔다. 에릭이 죽기 바로 전날은 바로 아버지의 80회 생신이었다. 클레어와 나는 아버지의 생일잔치에 스물다섯 명을 초대했다. 손님들이 모두 떠나고 나서 너무 피곤했으므로, 식탁 테이블을 그대로 두었다가 내일 아침에 치우자고 말했지만 아내는 거절했다. 아내는 내가 아들 에릭과 전화 통화하고 있는 사이에 식탁과 접시들을 말끔하게 치워놓았다. 아들은 클레어가 식탁을 다 정리하고 청소기를 돌릴 때까지도 계속해서 신문사에 관한 이야기, 취재에 관련된 이야기를 했다.

다음 날, 며느리 준이 전화를 해서 에릭의 죽음을 알려왔을 때, 아내는 눈물을 가득 담은 채 이렇게 말했다.

"그래도 집은 깨끗해졌네….."

사랑하는 사람의 죽음 이후에, 특히 그것이 갑작스런 죽음일 경우에는, 아주 작은 축복의 말일지라도 크게 위로가 된다. 그 다음 3일간, 우리들은 찰스턴에서 아들의 장례식으로 인해서 정신없이 바빴다. 스파르탄버그에 있는 우리 집에는 우리가 집을 비운 그 며칠 동안에 많은 조문객들이 몰려와서 꽃다발과 편지들을 놓고 갔다. 그들의 위로는 혼란의 와중에도 우리 부부에게 큰 격려가 되어 주었고 우리들의 마음을 안정시키는데 도움이 되었다.

나는 사랑하던 사람이 갑작스레 죽게 된 후의 처음 충격 그 다음에는 '감각을 잃어버린다.' 는 사실을 경험했다.

두 번째 단계 : 감각을 잃어버림

나는 삶을 통해서 '감각을 잃어버린다.' 는 것이 하나님의 자비이며 우리가 예상치못한 상태에서 받는 작은 은총이라고 믿게 되었다. 갑작스런 죽음 후에 흐느껴 운다거나, 통곡을 한다거나, 또는 신체가 무감각해지는 것은 지극히 당연한 현상이다. 우리는 상처를 받으면 자연스레 반응한다. 우리 몸이 기능하기 위해서는 하나님이 주시는 마취가 필요하다. 이것은 하나님께서 우리에게 아주 작은 처방으로 큰 고통을 견디게 해 주시는 방법이다.

일단 충격에 무덤덤하게 되면, 다른 사람들은 우리의 그런 조절능력을 보고 경탄해 마지않는다.

"그녀가 잘 견디어 내고 있군."

또는,

"그 사람은 끄떡없는 바위 같군, 그래!"

이런 식이다.

무감각은 우리들의 강인함에서 오는 것이 아니다. 하나님의 선물이다. 그렇지만 무감각으로 만사가 다 해결되는 것은 아니다. 우리들은 아직도 통제할 수 없는 슬픔의 와중에 있다. 눈물이 줄줄 흘러내릴 때는 계속 흐르게 내버려 두라. 슬픔을 억제하려는 노력은 현명한 행동이 아니다. 슬픔으로 인한 스트레스는 정신적, 육체적인 질병을 초래하기도 한다.

슬플 때 크게 소리 내어 우는 행동은 마치 압력솥의 안전밸브와 같은 배출구의 역할을 한다. 눈물은 스트레스를 감소시킨다. 때로는 조용히 흐느낄 장소와 시간을 선택해야 할 필요도 있다. 큰 고통을 일시에 날려버리기 위해서라면 크게 소리 내어 통곡하는 것이 필요하다. 일단 무감각해지고 나면, 어떤 사람들은 전혀 울음이 나오지 않는 경우도 있다.

"난 마치 밀폐된 상자 속에 갇혀 있는 것 같은 느낌이었어요."

어느 여성이 내게 이렇게 말했다.

"내가 마땅히 느껴야 할 것을 느끼지 못했지요."

안정을 강요할 필요가 없는 것과 마찬가지로, 억지로 슬픔을 통제하려고 할 필요도 없는 것이다.

슬픔이란 개인적인 경험이다. 즉, 각자가 느끼는 슬픔의 감정은 저마다 다르다는 사실이다. 그럼에도 우리들 모두에게, 슬픔의 과정은 마치 강과도 같다. 우리는 슬픔을 밀어내어 그것보고 더 빨리 가라고 할 수도 없다. 슬픔을 댐 속에 가두어 두려는 노력은 현명한 방법이 아니다. 결국에는 그 댐이 붕괴될 것이기 때문이다. 그러면 그 동안 가두어 두었던 슬픔은 더욱 더 큰 피해를 가져오게 된다. 흐르는 강물처럼, 그것을 그냥 흘러가는 대로 놓아두는 게 최선의 방책이다.

집의 어느 방 하나를 비워두는 게 필요하다. 이 방은 슬픔을 위로하려고 밀려들어오는 친척들, 친구들, 교회 사람들이 접근할 수 없는 방이다. 다른 사람들의 접근으로부터 차단된 이런 공간은 진정으로 우리 핵심 가족들에게 슬픔을 토해내는 위로의 장소가 되어 줄 것이다.

세 번째 단계 : 환상과 현실 사이의 갈등

에릭이 죽고 나서 2주 쯤 되어서 나는 《찰스턴 포스트 앤 쿠리어》 신문사에 전화를 했다. 아들이 쓰던 사무용품과 개인소지품들을 가지고 와야 했기 때문이었다. 나는 집의 보드 판에 적혀있던 전화번호를 눌렀다. 그 번호는 거기에 그렇게 2년 동안이나 적혀 있었다. 수화기에서는 에릭의 목소리가 흘러 나왔다. 자동응답기에서 흘러나오는 아들의 목소리를 듣는 순간 나는 잠시 멍하니 있었다.

"여보세요. 당신은 에릭 니일리와 연결되었습니다. 저는 지금 잠시 외출 중 입니다. 전화번호와 이름, 그리고 메시지를 남겨주시면 곧 회신해 드리겠습니다. 전화 주셔서 감사합니다."

나는 수화기를 들고 울었다. 그리고 잠시 생각했다.

'그래 에릭아, 너는 잠시 자리를 비우고 있구나. 그렇지만 넌 다시는 내게 돌아올 수 없구나. 에릭아, 내 아들 에릭아!'

그것은 진실의 순간이었으며 믿기 어려운 현실이었다.

에릭이 죽고 나서 어느 봄날의 일이었다. 그때 난 꽃밭을 정리하면서 새로운 꽃들을 심으려고 준비 중에 있었다. 3월의 하늘은 맑았고 미풍은 산들거렸다. 내가 네 발로 꽃밭을 기어 다니면서 시든 꽃들을 정리하고 있을 때, 아들의 목소리가 들려왔다.

"아빠, 아빠."

나는 곧바로 허리를 펴고 일어났다. 주위를 둘러보았지만 아무도 없었다. 재차 나를 부르는 소리가 들렸다. 그러나 이번에는 전보다 훨씬 더 가늘

게 들렸고 그것이 아들의 목소리인지 조차도 분명치 않았다. 내 머리 위에서는 벚꽃 나무의 가지가 바람에 흔들리고 있었다.

그 목소리를 세 번째 들었을 때, 나는 나뭇가지 두 개가 서로 바람에 부딪치며 흔들리고 있는 광경을 보았고 이내 현실로 돌아왔다. 그것은 아들의 목소리가 아니라 자연의 소리였던 것이다.

슬픔의 극복 과정에는 긴 싸움이 동반된다. 사랑했던 사람이 아직도 우리와 함께 한다는 환상과, 그 (또는 그녀)가 더 이상 우리 곁에 있지 않다는 현실 사이에서의 싸움 말이다. 지금 내가 설명했던 나의 경험은 우리 주변에서 흔하게 볼 수 있는 장면이다. 그렇지만 아직도 많은 사람들이 이런 현상에 대해서 드러내 놓고 말하기를 꺼려한다는 걸 나는 잘 안다.

그들은 심지어 자신에게 이렇게 묻곤 한다.

'내가 미쳐가고 있나?'

사랑하던 사람의 죽음 다음에 찾아오는 슬픔에 있어서, 이런 경험들은 우리가 좌절과 고통으로부터 회복되어가고 있는 하나의 과정이다.

신혼 초에 배우자를 잃은 경우에는 특히 죽은 배우자의 존재를 자주 느낀다. 때때로 그들은 서로 대화를 나누기도 한다. 정통적인 신앙심을 가진 크리스천들은 이럴 때 자기의 신앙심을 의심해 보기도 하고, 죽은 자와 대화를 하였다는 사실에 심한 죄의식을 갖기도 한다.

에릭을 잃은 경험을 통하여, 그리고 지난 40년간의 목회생활을 하면서 고통 받는 사람들을 위로해 준 경험을 통하여, 나는 이러한 일들이 사지절단을 당한 사람들의 '환상고통 증후군' 과 매우 유사하다는 걸 알게 되었다. 몸의 지체가 절단된 환자들은 자주 그 절단된 부위가, 이제는 더 이상 자기

몸에 붙어 있지 않음에도 불구하고, 불에 타는 것 같고 가려운 것 같기도 한 증세를 느낀다고 한다. 다리가 절단된 사람은 자기 다리가 없다는 사실을 망각한 채, 때때로 걸으려고 시도를 한다. 똑같은 방식으로, 슬픔도 상실이라는 현실을 망각한 채, 환상과 현실 사이를 오래도록 오락가락하는 경험을 하게 된다.

1980년대 초에 우리 동네 인근 숲속에 해병대 전투기 한대가 추락한 적이 있었다. 적십자 요원이 내게 일요일 아침에 그곳에서 구조 활동을 벌이고 있는 해병대원들을 위하여 예배를 집전해 줄 수 없는가 하고 물어 왔다. 현장에 도착해 보니 거기에는 지휘관인 대령 한명과 20여명의 젊은 해병들이 있었다. 대부분의 군인들은 죽은 전투기 조종사를 개인적으로 잘 알고 있었으며 모두 그 일에 자원자로 나섰다고 했다. 비록 그들은 침착 하려고 애쓰고 있었지만 그들의 표정에는 슬픔을 참는 기색이 역력했다. 예배 후에, 대령은 내게 주중에 있을 장례예배에 다시 한 번 참석해 줄 수 없는지 물었다. 목요일 아침에 우리가 성경구절을 함께 암송할 때, 모든 군인들은 흐느끼기 시작했다.

"오직 여호와를 앙망하는 자는 새 힘을 얻으리니, 독수리의 날개 치며 올라감 같을 것이요. 달음박질 하여도 곤비치 아니하겠고, 걸어가도 피곤치 아니하리로다."

– 이사야 40:31

내가 자리를 뜨려고 하자, 대령이 내게 와서 말했다.

"제가 보여드릴 게 있습니다."

천으로 된 조그만 백에서 그는 죽은 파일럿의 옷 조각을 꺼냈다. 추락의 충격으로 그 옷 조각은 심하게 훼손돼 있었는데 그는 그 속에서 무언가를 꺼냈다. 그것은 죽은 파일럿의 명찰이었다.

"이게 바로 우리들이 여기 온 이유입니다."

그런 다음 그는 이렇게 설명했다.

"이와 같은 추락 사고에는 온전한 물질적인 증거가 거의 남아있지 않지요. 그래도 우리는 찾습니다. 사고의 원인이 무엇인지를 밝혀내야 하니까요. 그리고 사고 조종사의 신원확인을 위해서도 필요하고요. 이런 게 그 조종사를 잃은 유족들에게 얼마나 위로가 될지는 알수 없지요. 그렇지만 이런 유품 잔해들이 최소한 그 가족들에게 자기의 아들이고, 남편이고, 아버지였다는 사실을 확인시켜 주고, 또 그들이 그 죽음을 받아들이게 하는 역할을 합니다."

물리적인 증거가 남아있지 않은 경우에 환상과 현실 사이의 싸움은 훨씬 더 복잡해진다.

나의 아내 클레어는 자기의 할아버지를 화재로 잃었다. 똑 같은 원인으로 사랑하는 사람을 잃은 경우는 그 고통이 훨씬 더 심하다.

2001년 9월 11일에 있은 세계무역센터 충돌사건 이후에, 수많은 소방관들, 경찰관들, 그리고 관계자들이 사망자들의 유품들을 찾으려고 잔해더미를 뒤졌다. 비록 그것이 그들의 임무이긴 했지만, 그들의 그런 행동은 사랑하는 사람들을 잃은 유족들에게는 엄청난 도움을 주는 또 다른 선한 행위였다.

내가 목회생활을 시작한지 얼마 지나지 않아, 한 젊은이가 나를 찾아왔다. 그는 말하기를, 자기는 어머니와 함께 아주 힘든 생활을 했노라고 말했다. 내가 그 자초지종을 묻자, 그는 지난 세월 어머니와 함께 겪은 심적 고통을 이렇게 털어 놓았다.

"아버지는 피츠버그의 철강공장에 근로자로 일하고 계셨는데, 어느 날 그만 펄펄 끓는 쇳물통에 빠져서 돌아가시고 말았지요. 피츠버그의 그 공장 옆 고속도로를 지날 때면 저는 언제나 그 사고를 떠 올리곤 한답니다. 거대한 강철 빔들이 트레일러에 실려서 오가는 것을 볼 때마다 저는 그 철강 속에 아버지의 몸이 들어있다는 생각을 하지요."

나는 구약성경에서 아브라함이 가나안에 있을 때의 이야기를 생각해냈다. 그는 사라가 죽을 때까지 땅이 한 뼘도 없었다. 그래도 이 늙은 가장은 자기 부인의 시체를 매장할 동굴을 헤브론 근처에 사야 한다고 주장했다.

얼마간 시간이 지나서, 나는 그 젊은이의 아버지가 죽기 바로 일 년 전에 공동묘지에 작은 매장 터를 두 군데 사 놓았다는 사실을 알게 되었다. 나는 젊은이와 그의 어머니에게 그곳에 아버지의 시체를 이장시키도록 권고했고 그들은 내가 말하는 대로 따랐다. 그곳에 아버지의 유골과 생전에 본인이 쓰던 유품들을 함께 매장하고 비석도 만들었다. 그 후 그들은 아버지의 (남편의) 비극적인 죽음의 슬픔으로부터 훨씬 쉽게 벗어날 수 있었다고 내게 말해 주었다.

때때로 유머는 환상과 현실 사이의 갈등에 중요한 부분을 차지하기도 한다. 어느 부인이 나를 찾아 와서, 자기는 이른 아침 시간이 하루 중 제일 어려운 시간이라고 고백하였다.

이른 아침 눈을 뜨면 제일 먼저 죽은 남편의 얼굴이 떠오른다는 것이었다. 그녀의 남편은 불과 52세의 나이에 이 세상을 떠났다. 남편은 생전에 이른 아침이면 일어나자마자 커피메이커에 커피를 끓여 놓고 샤워를 시작하곤 하였다. 이른 아침 눈을 뜨면, 그 커피 냄새와 샤워소리가 너무나 그리워진다는 것이었다.

남편이 갑작스레 죽고 난 후 몇 달이 지난 어느 날 아침, 그녀는 향긋한 커피 내음에 눈을 떴다. 그러자 화장실에서 샤워 소리가 들렸다. 심지어는 남편의 휘파람 소리까지도 들리는 것 같았다고 털어 놓았다. 남편은 샤워를 할 때면 종종 그렇게 휘파람을 불곤 했다고 한다. 그녀는 화장실로 뛰어가서 샤워커튼을 걷어 제켰다. 거기에는 아들이 샤워를 하다말고 놀란 얼굴을 한 채로 엄마를 쳐다보고 있었다. 그 후 여러 해 동안, 아들은 자기 아버지가 생전에 하던 행동을 그대로 따라 했다. 샤워커튼을 열어 제킨 그 순간은 바로 현실의 순간이었으며, 그들 모자(母子)는 그 후로도 계속 그 사건을 이야기 하면서 웃어대곤 하였다.

환상과 현실 사이의 갈등은 사랑하던 사람을 갑작스레 잃고 난 후 당하는 슬픔의 가장 연장된 단계이다. 그 상실을 완전히 받아들이기까지는 시간이 필요하다. 생일, 결혼기념일, 아버지날, 어머니날, 그리고 다른 기념일들이 되면 우리는 현실과 맞닥뜨린다.

당신 자신에게 관대하라. 슬픔은 강물과도 같다는 사실을 기억하라. 흐르는 대로 흘러가게 내버려 두라. 첫해가 가장 견디기 어렵지만, 그렇다고 한 해가 지났다고 해서 슬픔이 끝나는 건 결코 아니다. 현실을 있는 그대로 받아들이는 매 순간마다, 당신의 슬픔은 조금씩 극복되어질 것이고 상실감도 치유되어질 것이다. 그렇지만 당신은, 슬픔은 강물처럼 언제 어느 순간

이라도 밀려올 수 있다는 사실을 망각해서는 안 된다. 그것은 사랑하던 이
를 잃은 몇 달 후일 수도 있고, 또는 몇 년 후일 수도 있다.

를 잃은 몇 달 후일 수도 있고, 또는 몇 년 후일 수도 있다.

네 번째 단계 : 슬픔의 홍수

에릭은 덩치가 큰 청년이었다. 키는 6피트 2인치였으며, 몸무게는 250 파운드나 나갔다.

에릭의 미망인인 내 며느리는 에릭이 입던 옷들이 좋은 용도에 쓰이기를 원했다. 남편이 죽고 나서 두세 달 동안, 준은 남편의 옷가지와 신발들을 정리하여 여기저기 필요한 곳으로 보냈다. 그러나 며느리는 에릭이 죽던 날 입었던 옷은 그대로 갖고 있겠다고 했다. 아들은 평소 밝은 색 넥타이들을 즐겨서 매었다. 우리 가족이나 친구들 모두는 그의 그런 기질을 잘 알고 있었다. 에릭이 죽고 6주가 지나서 첫 번째 맞이하는 크리스마스 때, 며느리는 아들의 넥타이들을 그를 추억하며 잘 매어 줄만한 사람들에게 골고루 나누어 주었다. 나의 어머니는 손자의 유품 중 셔츠 몇 개를 요구했다. 우리 모두는 어머니의 그런 요구를 이상하게 생각했다.

크리스마스가 되었을 때, 어머니는 에릭의 처 준, 아내 클레어, 그리고 여동생 베스티에게 테디 베어를 하나씩 선물했다. 그 인형들에는 에릭의 셔츠가 입혀져 있었다. 어머니께서 죽은 손자를 생각하시면서 손수 셔츠를 다시 재단해서 인형 옷으로 만들어 입힌 것이었다. 에릭의 조카 캐시에게는 에릭이 평소 즐겨 입었던 카키색 셔츠를 입힌 인형을 선물로 안겨 주었다.

에릭이 죽고 난 후 일곱 달쯤 됐을 때, 준은 우리들을 찾아와서 자기의 고향 동네인 테네시 주의 내슈빌로 이사하기로 결심했다는 사실을 알려주었다. 찰스턴에 작별인사를 하는 것은 준의 슬픔 과정 중에서 매우 중요한 일이었다. 그녀는 마침내 자기 어머니와 할머니가 가까이 살고 있는 고향동

네로 이사했다. 그들은, 이제는 어머니와 할머니 모두 혼자가 되셨지만, 슬픔에 잠겨있는 딸에게 그리고 손녀에게 아낌없이 사랑을 쏟아 부어 주었으며, 그녀의 슬픔 회복과정에서 매우 중요한 역할모델들이 되어 주었다. 준이 내슈빌로 떠나기 며칠 전에, 그녀는 에릭의 마지막 유품들을 가지고 왔다.

나는 두 개의 큰 박스를 집 거실로 옮겨 놓았고 식구들 모두는 그것들을 함께 지켜보았다. 첫 번째 박스 맨 위에는 아주 훌륭한 검정색 캐시미어 코트가 얹어져 있었는데, 그것은 바로 전 해 크리스마스에 준이 자기 남편에게 선물한 것이었다. 며느리는 그 코트를 내가 갖기를 원했다. 나는 날씨가 추울 때는 그 코트를, 특히 겨울에 장례예배를 집전할 때면, 그 코트를 입는다. 그 코트가 주는 따뜻함은 나를 한결 포근하게 만들어준다. 그것은 단지 코트의 따뜻함 만은 아니다. 뭐랄까? 마치 큰 곰과 같은 아들 에릭이 뒤에 와서 나를 끌어 앉는 느낌이라고나 할까?

박스 속에 있는 물건들을 계속 꺼내면서 나는 맨 밑바닥에 있는 품목을 보고 놀랐다. 거기에는 에릭의 고등학교 시절 편지를 넣은 조그마한 백이 있었다. 그것을 보자 나는 더 이상 참지 못하고 울음을 터트렸다. 그 순간의 슬픔은 그야말로 완전히 나를 압도하는 것이었다. 아직도 나는 그 아이의 편지다발을 본 순간에 갑작스레 터져 나오던 슬픔을 이해할 수가 없다.

몇 달이 지나자, 우리들은 훨씬 좋아진 것을 느낄 수 있었다. 우리들은 그 충격과 무감각함에 정면으로 맞설 수 있게 되었고, 아들의 죽음이란 현실과 싸울 수 있게 되었다. 확실히 우리가 생각하기에, 우리는 슬픔과 고통의 최악의 상태는 벗어난 듯해 보였다. 그러나 그 후 몇 달, 또는 몇 년이 지난 시점에서도 어떤 사건들로 인하여 슬픔은 새록새록 돋아나곤 하였다.

다섯 번째 단계 : 기억을 도려 냄

때때로 죽은 자의 추억은 날카로운 칼이 되어 우리들을 사정없이 찌르곤 한다. 슬픔으로부터 완전히 벗어났다 싶은 순간에도 추억으로부터 고통받는 경우가 자주 있다. 특히 우리들이 우연찮게 옛날 사진을 본다거나, 편지를 다시 읽게 될 때 이런 현상들이 일어난다. 이럴 때 분명 우리들은 상처를 받게 된다. 보통 우리들은 죽은 사람에게 쓸데없는 말을 했다거나, 또는 해야 할 말을 하지 않은 것에 대하여 후회하게 된다. 특별한 장소들, 특별한 사건들, 또는 특별한 노래들이 바로 그러한 달콤 씁쓸한 추억의 원천이다. 지금 바로 이 순간에도, 나는 TV에서 미식축구 경기를 보면서 양편 모든 선수들을 눈여겨 본다. 그중에서도 특별히 등 넘버 67번인 선수가 있으면 쏟아져 나오는 눈물을 참을 수가 없다. 그들은 보통 주 공격수들이다. 바로 에릭이 했던 역할이다.

에릭이 죽고 나서 3년이 지났을 때, 나는 몇 년 동안 보지 못했던 한 커플을 만났다. 그들은 에릭의 고등학교 친구들이었는데, 딸아이와 함께 있었다. 이야기 도중에 아이의 엄마가 물었다.

"에릭에 대해서 이야기 좀 해 주세요. 잘 지내나요?"

"그럼, 잘 지내고 말고."

내가 말했다.

"에릭은 내가 신경 쓰지 않아도 잘 지내는 유일한 아이지. 한 3년 쯤 전에 하늘나라로 갔거든."

그 커플은 믿지 못하는 표정을 하며 다시 물었다. 나는 그들을 안심시켜

주었다.

"에릭에 대해서 물어봐 주어서 고맙군. 우리는 에릭의 죽음을 별로 알리지 않았어."

그런 다음 나는 그들의 형편에 대해서 물었다.

슬픔을 당한 사람들이 저지르는 가장 심각한 잘못 중의 하나는 바로 죽은 자에 대해서 말하기를 꺼려 한다는 사실이다. 슬픔의 초기 단계에는 이런 침묵이 적절하고 또 도움이 되기도 하지만, 사별의 고통으로부터 빨리 벗어나기 위해서는 될 수 있는 대로 많은 친구나 친척들에게 자주 이야기 하여야 한다. 죽은 사람의 이름을 자주 들먹이는 것은 좋지 않다는 생각은 완전히 잘못된 생각이다. 어떤 친구들이나 친척들은 죽은 사람에 대해서 이야기하는 것을 고통스러워 하기도 한다. 그러나 진실은 이렇다. 슬픔에 대해서 이야기하지 못할 것은 없다. 비록 그것이 고통과 눈물을 수반하지만 말이다.

자살 뒤에 오는 슬픔만큼 위로하기가 힘든 슬픔도 없다. 사람이 자기 자신의 목숨을 스스로 끊었을 때는, 어떤 의미 있는 말도 슬픔을 당한 사람에게는 아무런 의미를 갖지 못하기 때문이다.

자살 이후의 상실감이란 흔히 '결코 멈추지 않는 슬픔' 이라고 불리기도 한다. 그것은 수많은 질문들이 대답 없이 서로 엉키어 있는 상태이기도 하며, 후회와 분노가 서로 뒤죽박죽 섞여있는 슬픔이기도 하다. 당신이 만약 자살로 사랑하는 이를 잃은 사람을 위로하려고 한다면, 나는 당신에게 책 한권을 소개해 주고 싶다. 이 책은 특별히 위로의 방법을 찾기 어려운 당신에게 좋은 길잡이가 될 것이다. 바로 콕스와 아링톤이 지은 《후 충격 : Aftershock》 이라는 책으로 2003년 브로드먼 앤 홀먼 출판사에서 출간되었다.

에릭의 장례식에서, 나의 오랜 친구이자 동료인 밥 몰간은 아일랜드의 고유한 전통인 밤샘 지킴을 해 주면서 우리들을 위로해 주고 힘을 북돋아 주었다. 슬픔을 당하고 있는 가족들과 친구들에게, 아일랜드 식의 밤샘은 슬픔과 기쁨이 함께 교차하는 그야말로 복합적인 행사이다. 이러한 밤샘 행사를 통하여 죽은 사람의 영혼은 축복을 받는다. 좋은 음식과 음악과 조문객들이 서로 나누는 이야기들은 밤샘을 마치 하나의 축제처럼 만들어 준

다. 비록 슬픔을 나누어야 할 시간이지만, 친구들과 가족들, 친척들의 동참
은 훨씬 더 큰 의미를 만들어주는 것이다. 거기에는 망자(亡者)가 사랑하던
사람들의 눈물이 있고 웃음이 있다.

비록 바울 사도가 아일랜드 인은 아니었지만, 그의 말 중에는 죽은 자들
을 기억나게 하는 말들이 많이 나온다.

**"종말로 형제들아, 무엇에든지 참되며, 무엇에든지 경건하며, 무엇에든지 옳
으며, 무엇에든지 정결하며, 무엇에든지 사랑할만하며, 무엇에든지 칭찬할만하
며, 무슨 덕이 있든지, 무슨 기림이 있던지 이것들을 생각하라."**

- 빌립보서 4:8

나는 사람들이 자기가 사랑했던 사람의 좋은 점, 고상한 점, 그리고 익살
스런 점을 즐겨 기억한다는 사실을 배웠다. 또한 나는 아내 클레어를 통해
서, 기쁨과 슬픔은 서로 배타적으로 존재하는 게 아니라는 사실도 배웠다.
우리는 에릭의 생일에는 기쁘게 축하해 주었으며, 그의 기일(忌日)에는 함께
슬픔을 나누었다. 그 두 날은 우리에게 모두 의미 있는 날이었다. 또 우리는
에릭이 좋아하던 음식을 함께 만들면서 그를 추억하기도 했다. 그럴 때면
될 수 있는 대로 많은 에릭의 친구들과 우리의 친척들을 초대하였다.

여섯 번째 단계 : **회복**

슬픔으로부터 회복되었다고 해서 우리의 삶이 마치 상실을 경험하지 않은 듯이 그렇게 흘러간다는 말은 아니다. 슬픔의 이 마지막 단계에 이르면 우리의 삶은, 사람들이 흔히 말하는 것처럼 '새로운 정상적인 삶'으로 돌아온다. 완전한 회복이란, 웨인 하야트가 경험한 것처럼, 우리가 상실을 안은 채 살아가는 방법을 터득했다는 것을 의미한다.

웨인은 그를 아는 모든 사람들에게 큰 감동을 주는 사람이다. 웨인이 대학교 1학년 때, 보트를 타다가 다리를 다치는 사고가 발생했다. 외과 의사들은 그를 살리기 위해서 별 수 없이 그의 다친 다리를 엉덩이 근처에서부터 잘라냈다. 친구로서 그리고 목사로서, 나는 그와 아픔을 같이 하였으며, 그가 회복되는 긴 과정을 주의 깊게 관찰하였다. 치료를 받는 몇 년의 기간 동안, 웨인은 물리치료사인 다이앤을 만나 결혼하였고, 다이앤은 이제 세 명의 예쁜 딸들의 어머니가 되었다. 그의 육체적인 불가능은 그의 삶의 가능성을 방해하지 못했다.

다리를 잃고 나서도, 그는 교회 소프트볼 팀에서 1루수로 활약했으며, 배구 리그전에도 나갔으며, 스키대회에도 도전하였다. 정말이지 그는 활발한 만능 스포츠맨이었다. 웨인은 대학원을 마치고 목사 안수를 받았으며, 나중에는 박사학위까지도 받았다. 그의 오른 쪽 다리는 아직도 없다. 그는 아직도 간헐적인 통증으로 시달린다. 아직도 의족을 사용하기는 하지만, 그는 완전히 정상적인 삶을 즐기고 있다.

정형외과적인 사고를 당한 사람들은 완전한 치료를 경험할 수 있다. 그

렇지만, 추운 날씨거나 비가 오는 날이면, 그 다친부위의 관절이나 뼈마디는 아직도 심한 통증을 안겨준다. 상실로부터의 회복도 마찬가지이다. 우리들의 삶은 완전히 다시 오리엔테이션을 받아야 하는 것이다. 우리들은 우리들의 상실에 초점을 맞추지 않고 삶을 다시 시작할 수 있다. 특히 배우자를 잃은 사람이나 다시 결혼한 사람의 경우에는 충분한 가능성이 있다.

성경에 나오는 나오미, 룻, 그리고 오르바는 모두 남편을 잃은 여인들이다. 이 시어머니와 두 명의 며느리들은 남편들이 죽었을 때 깊은 슬픔을 경험하였다. 나오미는 그녀의 남편과 두 아들을 잃었다. 룻과 오르바는 각각 남편을 잃었고 시아버지를 잃었다. 우리들은 오르바가 시어머니를 버리고 자기 고향 가족에게 돌아갔다고 해서 그녀를 비난할 수는 없다.

오히려 룻과 나오미의 이야기가 우리들에게 들려주는 교훈은, 가족을 잃은 상실에도 불구하고 서로 돕는 관계를 잘 유지하며 살아간다는 데에 있다. 이 두 여인들은 자신들의 상실에도 불구하고 굳세게 살아남았을 뿐만 아니라, 함께 회복의 기쁨을 경험하였다는 것이다.

아내 클레어와 나는 며느리인 준과 좋은 관계를 계속하고 있다는 사실을 아주 소중히 생각한다. 비록 에릭이 죽고 나서 일곱 달 만에 자기의 가족들이 있는 내슈빌로 떠나긴 했지만, 우리들은 그녀가 계속해서 편지도 보내오고 전화도 하면서 연결의 끈을 놓지 않은데 대해서 감사하고 있다. 준과 내가 특별히 함께 하는 일은 정원을 가꾸는 일이다. 우리는 그녀의 테네시 주에 있는 집에 아름다운 꽃밭을 가꾸기 위해서 함께 일했던 적이 있었다.

어느 봄날, 둘이서 함께 백합을 심고 있을 때 며느리가 내게 물었다.

"컬크, 만약 내가 재혼을 해서 아이들을 갖게 된다면, 그때도 아빠는 저의 애들에게 할아버지가 되어 주실 거예요? 아이들에게 옛날이야기를 해 주고 낚시도 가르쳐 주실 거냐고요."

그 말보다 나를 더 기쁘게 한 말은 없었다. 준은 우리들의 며느리였을 뿐만 아니라, 사랑 그 자체였다. 며느리와 우리들의 관계는 그 이후에도 전혀 변하지 않고 계속 유지되고 있다.

가족이나 친구들과 좋은 관계를 유지하는 것은 슬픔으로부터 건강하게 회복하는 데 결정적으로 중요하다. 불행하게도, 많은 사람들은 다른 방법을 택한다. 그들은 오히려 위축되거나 관계를 끊어 버리려고 한다. 물론 우리들은 다른 사람들로부터 격리된 개인적인 공간이 필요하기도 하다. 그렇지만 우리들에게는 우리들을 지탱해주는 관계가 필요한 것이다. 우리가 사랑하던 사람이 고독, 또는 혼자 있기를 원한다면, 우리들이 할 수 있는 일이라곤 기다리고 기도해주는 것 외엔 별다른 방법이 없다. 때때로 약간의 적극적인 도움도 고려해 볼만 하긴 하다. 답장을 요구하지 않는 편지나 카드를 보내는 방법은 받는 사람에게 어느 정도 적극적인 위안이 된다. 이 방법은 상처를 받고나서 혼자 격리돼 있거나 고독하게 지내는 사람에게는 확실히 위안이 되며, 언제 그리고 어떻게 다시 예전의 관계를 회복해야 할지 생각할 수 있는 여유를 갖도록 만들어 준다.

여기에 내가 만들어 낸 좋은 격언이 있다.

"고통스러웠던 그 소중한 경험을 낭비하지 말라."

슬픔의 치료에서 중요한 점은, 우리가 다른 사람들을 도울 수 있는 능력이 있다는 사실을 발견하는 것이다.

성경에서 욥의 친구들은, 아마도 욥처럼 그런 혹독한 고난을 당해보지 않았기 때문에, 어떻게 도와야 할지를 몰랐을 것이다. 욥에게 그 친구들이 제일 큰 도움이 되었을 때는 바로 아무 말도 하지 않고 침묵하고 있던 때였다. 아무 말도 하지 않고 7일간을 있은 것은 정말 잘한 일이었다. 그러나 그들이 무언가를 설명하려고 하자, 욥의 슬픔은 위로 받기는커녕, 오히려 더 커졌다.

여기에 어떤 말을 해야 할지, 또는 어떻게 행동해야 할지 잘 모르고 그냥 겉 치레에 불과한 말만 하는 사람들의 표본이 있다. 슬픔을 당한 사람들은 위로 한답시고 찾아온 사람들로부터 이런 말들을 너무나도 자주 듣는다.

"하나님의 뜻으로 생각하고 그냥 받아들여."

또는,

"우리는 하나님의 뜻을 잘 알지 못하지만, 거기에 의문을 제기해서는 안돼."

아니면,

"시간이 가면 차차 잊혀 질 거야."

슬픔을 당해본 사람만이, 그리고 슬픔에 친숙한 사람만이 진정으로 위로를 해 줄 수 있다.

에릭이 죽고 나서, 나는 우리 교회에서 설교를 두 번 빼먹었다. 나는 교회로 돌아와서, 강림절 직전 3주간에 연속적인 설교를 했는데, 그 제목은 '성일(聖日 – Holyday)은 정말 거룩한 날(Holy Day)가 될 수 있는가?' 였다. 나는 내가 할수 있는 대로, 또 될 수 있는 대로 정말로 나 자신에 대해서 솔직해졌다. 나는 주님의 자비와 부드러운 손길, 그리고 은혜의 말씀들에 대하여 설교했다.

그 첫 번째 주일 설교를 마치고 나서, 몇몇 성도들이 나를 의식적으로 피하고 있다는 걸 눈치 챌 수 있었다. 나는 그들을 도와야겠다고 마음먹었다. 두 번째 주일의 설교에서 나는 이렇게 말했다.

"우리 가족에게 무슨 말을 해서 위로를 해야겠다는 생각을 갖지 마십시오. 단지 우리들을 끌어안거나 기도만 해 주세요."

두 번째 설교를 마치고 나자 분위기는 마치 장례식이 있기 전에 우리가 교회에서 성도들을 만나던 때처럼 평상시의 분위기로 돌아왔다. 많은 성도들이 이렇게 말하며 고마워했다.

"아무 말도 하지 않아도 된다고 말해 주시기를 잘 하셨습니다. 정말 무슨 위로의 말씀을 드려야 할지 몰랐거든요.”

때로는 슬픔을 당한 사람이 다른 사람들을 위로해 줄 수도 있는 것이다.

몇 년 전에, 물에 빠져 죽은 고등학생의 장례식을 집전했다. 나는 그 장례 예배에서 최선을 다해서 좋은 설교를 했고 부모인 랜디와 수잔, 그리고 그 가족들을 위로하려고 노력했다. 우리가 찰스턴으로부터 돌아왔을 때, 그날 은 바로 에릭의 장례식 전날이었는데, 랜디가 나와 아내를 찾아왔다. 그의 방문은 우리에게 정말 큰 위로가 되었는데, 그것은 그가 어떤 위로의 말을 해 주어서가 아니었다. 그는 아들을 잃은 사람으로서 우리의 비통한 심정 을 누구보다도 잘 이해하고 있었기 때문이었다. 거기에는 아들을 잃은 사 람들로서의 동료의식이 있었다.

바울 사도는 고린도 교인들에게 이렇게 썼다.

“우리의 모든 환란 중에서 우리를 위로하사, 우리로 하여금 하나님께 받는 위 로로써 모든 환란 중에 있는 자들을 능히 위로하게 하시는 이시로다.”

- 고린도 후서 1:4

그 일 이후로, 랜디와 나는 가끔씩 아침식사를 함께하며, 슬픔을 당한 아 버지들을 우리 모임에 초대하곤 한다.

신약성경에서는 이렇게 말한다.

“형제들아, 자는 자들에 관하여는 너희가 알지 못함을 우리가 원치 아니하노 니, 이는 소망없는 다른 이와 같이 슬퍼하지 않게 하려 함이라.”

- 데살로니가 전서 4:13

로마서에서 '눈에 보이는 소망은 소망이 아니다.' 라고 했듯이, 희망은 정의하기가 매우 어렵다. 그럼에도 불구하고 고린도전서에서는 희망(소망)을 믿음과 사랑의 가장 가까운 사촌으로 지칭하고 있다. 희망은 분명 우리가 슬픔으로부터 회복되는 데 있어서 가장 중요한 요소임이 분명하다.

성경의 여러 곳에서는 희망의 상징물들이 많이 등장한다. 희망의 상징물들은 보통 창조의 단순한 경이이거나, 창조자의 은총의 선물이다. 엘리야에게 있어서, 하나님의 존재에 대한 암시는 구름, 고요함, 작은 속삭임, 그리고 미풍이었다. 초기 교회에서는 세례를 주는 물과 빵이 하나님과의 약속에 대한 상징물이 되었다. 나는 이 책의 마지막 장에 설교 시 자주 인용되는 희망을 포함하고 있는 성경구절들을 발췌해 놓았다. 그렇지만 그런 것들보다는 아마도 나의 한 가지 개인적인 사례가 더 큰 도움이 될 것이다.

사우스캐럴라이나의 11월은 비교적 온화하다. 추수감사절이 지나기 전까지는 별로 겨울의 기분을 느끼지 못한다. 에릭은 11월 15일에 죽었다. 찰스턴은 따뜻했다. 우리가 찰스턴에서 집으로 돌아왔을 때까지도 하늘은 맑았고 햇볕은 따뜻했다. 장례식이 있던 주일 아침, 갑자기 어두워지기 시작하더니 점점 추워졌다. 기온은 하루 종일 계속 떨어졌다. 우리가 장례식을 위해서 교회에 도착했을 때는 가벼운 눈발까지 휘날렸다. 공동묘지에 도착했을 때는 땅은 온통 흰 색으로 뒤덮였다.

몇몇 친구들은 장례식 날에 날씨가 너무 험악하다며 불평했다. 내가 상상하기로는, 그 짓궂은 날씨는 마치 에릭이 전능자이신 하나님께 하소연하고 있는 것처럼 보였다.

“하나님, 우리 가족들이 앞으로 얼마나 힘든 시간을 보내야 하는지 당신은 아시죠? 그들을 놀래줄 뭔가를 좀 보여 주실래요?”

우리들은 그 흰 눈을 희망의 상징으로 보았다.

에릭이 죽고 나서 첫 번째 설교에서, 나는 그 눈을 하나님의 부드러운 손길로, 우리들의 슬픔에 대한 위로로, 그리고 희망의 상징으로 해석했다. 정말로 우리 가족이 그 해 크리스마스에 받은 카드와 선물들은 대부분 흰 눈을 주제로 한 것들이었다. 크리스마스가 다가오자, 우리들은 트리와 창문을 모두 눈송이와 눈꽃으로 장식하기로 결정하였다. 비록 슬픔 속이었지만, 나는 아직도 그해의 크리스마스를, 온 집안이 흰 눈으로 장식된 아름다운 광경을 잊을 수가 없다.

다음 해 봄이 다가오면서 아내와 나는 따뜻한 날들을 위해서 희망을 상징할 무언가가 필요하다는 걸 느끼게 되었다. 하나님께서는 희망의 상징을 마련해 주셨다. 2월 마지막 주에, 나는 교회의 성도 한 명의 장례 예배를 주관하게 되었는데, 공교롭게도 그 장소는 에릭이 묻혀있는 공동묘지였다. 예배를 마치고 나서, 나는 에릭의 무덤가로갔다.

먼 발치에서 나는 에릭의 묘비 위에 파랑새가 앉아 있는 것을 볼 수 있었다. 내가 아내에게 전화를 하려고 휴대폰을 막 꺼내 들었을 때 파랑새는 날아가 버렸다.

“여보, 이번 봄과 여름에 우리의 희망이 되어 줄 상징을 마침내 발견한 것 같군. 그건 바로 파랑새야. 에릭의 묘비에 앉아 있다가 지금 막 날아갔다니까!”

그러자 클레어가 대답했다.

"잠시 만 더 기다려 보세요. 틀림없이 그 파랑새는 다시 돌아올 거예요."

정말 아내의 예언대로 그 파랑새는 다시 돌아왔다. 이번에는 두 마리였다.

희망의 상징은 우리들의 고통 과정 중에서 늘 우리를 위로해 주었다. 나와 아내는 파랑새를 보면서 늘 하나님의 임재를 느꼈다. 그리고 하나님의 약속을 믿었다.

"…내가 너를 떠나지 아니하며 버리지 아니하리니…"

- 여호수아 1:5

때때로 사람들은 내게 이렇게 말한다.

"아들을 잃으셨다니 정말 안됐군요."

그러면 나는 이렇게 대답하곤 한다.

"우리는 에릭을 잃은 게 아닙니다. 나는 그 아이가 지금 어디에 있는지 알거든요."

제 **2** 장

중병 또는 만성적인 질환에 따른 슬픔의 과정들

때때로 갑작스런 죽음도 있다. 그것은 마치 어느 날 난폭한 침입자가 쳐들어와서 우리들의 평화를 순식간에 앗아가는 경우와도 같다. 그러나 때때로 삶의 종착역이 보이는 경우도 있다. 특히 만성적인 질환에 시달리고 있는 경우가 여기에 해당된다. 이때의 죽음은 가벼운 축복일 수도 있으며 환영받는 손님일 수도 있다. 죽음을 예상할 수 있건, 또는 갑작스런 죽음이건 간에, 우리 모두는 죽음의 골짜기라는 어두운 곳을 지나는 여행을 해야만 한다. 그러나 이 두 죽음 사이에는 명백한 차이가 있다. 그 차이 중의 하나는, 예상된 죽음인 경우에는, 우리가 죽음을 맞이하기 이전에 벌써 죽음 이후에 오는 슬픔의 몇몇 단계를 거친다는 것이다. 죽음을 맞이하는 사람이나 그 가족이나 할 것 없이 모두 이 단계를, 그 환자가 질병에 시달리는 동안에 이미 경험한다는 사실이다.

하나의 차이라면 슬픔의 몇몇 단계들이 순차적으로 온다는 사실을 기억하는 정도일 것이다. 등산을 가서 산 정상을 밟는 과정을 생각해보라. 죽음이 찾아 올 때, 우리는 깊은 골짜기를 내려간다. 죽음 이후에는, 그것이 특별히 갑작스런 죽음인 경우에는, 우리는 높은 산을 오랫동안 올라가야만 한다. 마침내 우리들은 높은 평지에 도달했다는 사실을 깨닫게 된다. 지금까지 오는 길은 별 어려움이 없었다. 정상까지는 아직도 멀었다. 한 번 더 힘을 내야만 한다. 그러나 우리는 여기에서 신선한 공기를 마시면서 잠시 쉴 수 있는 재충전의 기회를 가질 수 있는 것이다.

예상되는 죽음의 경우에는, 그 길이란 결코 평탄치 않다. 비록 그 죽음이 언제쯤 일까하고 막연하게 추측할 수는 있지만, 매일 매일이 어떤 삶이 될지를 예측하기란 쉽지 않다. 예를 들면, 항암치료를 받고 있는 암환자인 경우에는 날마다의 기복이 심하다. 환자의 그날 그날의 기분에 따라서, 가족들의 삶도 밀물이 되고 썰물이 된다. 어느 날 그들은 낙담하기도 하지만, 그 다음 날이면 문밖까지 찾아 온 죽음을 애써 외면하면서, 새로운 희망을 갖기도 한다. 그러나 그 다음 날이 되면, 《천로역정》의 존 번연이 말했듯이, 그들은 또다시 절망의 구렁텅이에 빠지기도 한다.

암으로 인해서 오랫동안 고생하고 있던 환자의 남편은 이 과정을 다음과 같이 표현했다.

"지난 14개월 동안 나는 이런 과정을 수없이 반복했답니다. 어디에도 쉴 곳은 없었죠. 끝없는 고통의 연장이었으니까요. 그런 고통 속에서 간간히 희망을 갖기도 했지만요."

만성질환에 시달리는 환자를 간호한다는 것은 정말 진을 빼는 일이다. 그러다가 마침내 죽음을 맞이하게 되면, 가족들은 안도의 한숨을 쉬기도 한다. 그 순간이 되면, 슬픔은 모두 끝나고 그 여행은 넓고 평평한 곳에 이르게된다. 지치고 힘든 영혼과 육체가 쉴 수있는 그런 곳 말이다.

알츠하이머가 바로 그런 병이다, 초기 단계에서는, 그 병은 여간해서는 그 정체를 드러내려 하지 않는다. 그것은 살금살금 와서는 어느 순간, 우리가 사랑하던 사람의 삶을 송두리째 앗아가 버릴 정도로 급속히 퍼져 버린다. 커다란 비단구렁이처럼, 그놈은 아름답고 우아하고 역동적이던 사람을 순식간에 둘둘 말아서 그 숨이 멎을 때까지 목을 졸라 버리는 것이다.

미즈 리브는 나의 장모님이다. 장모님의 장례식에서 나는 이렇게 말했다.

"내가 아내 클레어를 만나기 전에 장모님을 만나 못했다는 건 정말 행운이었다. 만약 내가 장모님을 먼저 만났더라면, 나는 아내도 당연히 장모님 정도는 되었어야만 했을 거라고 생각했을 것이다."

미즈 리브는 뛰어난 정원사였고, 새를 관찰하는데 일가견이 있었고, 예술에도 깊은 조예가 있었다. 그녀의 쿠키 만드는 솜씨는 베티 크로커라도 서러워 할 정도였다. 장인어른이 출혈성 심장마비로 돌아가셨을 때 조차도, 그녀는 평상시의 명랑함을 잃지 않았다. 그녀는 슬픔을 당한 사람들을 위로해 주는 자선 기구인 '새로운 길' 이라는 모임에 적극적으로 참여하였다. 장모님은 감리교회에서도 운영위원으로 큰 역할을 하였으며, 그녀가 살고 있는 커뮤니티의 예술분과 미화위원으로도 활약하였다. 그녀는 또 자기가 갖고 있는 낡은 차 두 대를 새 차 하나와 맞바꾸는 수완도 발휘했는데, 이유인 즉, 자기는 너무 여행 다닐 일이 많아서 새 차가 필요하다는 거였다. 미즈 리브는 축구 게임이 있는 날이면 응원석에서 열심히 응원도 했으며, 음악회에도 자주 다니고, 학교 모임에도 발전위원의 한 명으로서 아주 적극적으로 참여하였다. 그녀는 하루에 3마일씩이나 걷는데, 마을 사람들을 모아서 걷기동호회를 결성하기도 하였다.

미즈 리브의 건강이 악화되었을 때, 우리 모두는 슬픔에 잠겼다. 처음에 장모님의 병은 그다지 심하지 않았는데, 나중에는 합병증이 생겨서 급속도로 악화되었다. 병으로 인하여 그녀의 기억력이 깜빡일 때조차도, 그녀는 예의 그 명랑함을 잃지 않으며 농담을 던지곤 했다.

"난 기억한 게 너무 많아서, 까먹는 데도 오래 시간이 걸리나 봐."

장모님에게는 아주 훌륭한 주치의가 있었다. 그는 의사로서의 사명 그 이상으로, 장모님을 성심성의껏 보살폈다. 그는 우리들에게 알츠하이머와 같은 병을 치료한다는 게 얼마나 힘든 일인지를 설명해 주었다. 어느 날 그는 용기를 내어 장모님에게 더 이상 운전은 안 된다고 말해 주었다. 그녀는 노발대발 했다. 그는 또 장모님에게 더 이상 혼자서는 살 수 없다고도 말해 주었다. 장모님은 다시 발작했다. 이 친절한 의사는 힘든 일을 기꺼이 떠맡음으로 해서 가족들을 최대한 보호했다.

우리들은 미즈 리브를 그녀의 집에 있도록 했다. 그리고 두 명의 도우미들을 24시간 장모님 곁에 두었다. 비록 이 일이 비용이 많이 들어가는 일이긴 했지만, 우리 모두가 너무나도 사랑했던 분을 그렇게라도 모실 수 있다는 건 우리들에겐 큰 기쁨이었다. 그러나 그런 기쁨도 그래 오래가진 못했다. 마침내 장모님을 요양병원으로 보내 드릴 시간이 온 것이었다.

장모님을 75마일 떨어진 요양병원으로 보낼 때도 그녀는 차분했다. 우리는 단지 의사의 지시를 따르는 것뿐이라고만 말씀드렸다. 그녀가 순순히 따라 준 것에 감사할 따름이다. 어느 덧 장모님의 밝고 명랑함은 많이 사라졌다. 그녀의 건강은 눈에 띄게 악화되어 갔다. 두 달 후, 장모님은 돌아가셨다.

예상되는 죽음의 경우에는 슬픔도 예상되는 과정을 따라서 진행된다.

《죽음과 죽어감에 대하여 – On Death and Dying》라는 세계적인 베스트셀러에서, 엘리자베스 코블러–로스박사는 죽어가는 사람과 그 가족들이 겪게 되는 다섯 가지 과정을 구분하여 설명하고 있다. 나는 이것들을 독립된 과정으로 생각하기를 좋아하는데 그 이유는, 그 각각의 과정들이 차례차례로 진행되는 것이 아니기 때문이다. 나는 여기에다 맨 마지막으로 여섯 번째 과정을 추가했는데, 보통 이 과정이 지나면 슬픔은 끝나게 되어있다. 예측되는 슬픔의 경우에는 이런 과정들이 보통 죽음 직전에 일어난다.

첫 번째 과정 : 부정

사람들은 중병의 징후를 느끼게 되면, 병원에 가서 진단을 받기를 꺼려한다. 그들은 여러 검사를 받는 것을 연기하는 게 보통이다. 마치 그 진실을 의도적으로 알려고 하지 않는 것처럼 보인다. 때로는 가족들 중의 누군가가 그 징후를 애써 과소평가하려고 하는 경우도 있다. 보통 이렇게 말하는 경우이다.

"당신 피곤해서 그럴 거예요."

또는

"요즘 몸 생각 않고 일을 너무 했어요."

종합 비타민제나 가정 요법이 동원되기도 한다. 나의 할머니가 신장의 문제로 죽어가고 있었을 때, 삼촌 한 분이 밀크쉐이크에 버번위스키를 타서 마시도록 권한 적이 있었다. 삼촌의 설명에 따르면, 할머니는 단지 약간의 자극이 필요하다는 거였다.

평생을 철저한 금주주의자로 살아오신 할머니는 그 사이비 처방물을 금방 삼촌의 얼굴에 토해 내셨다. 암인 경우는 이런 초기부정의 사례가 특히 많이 눈에 띈다.

의사가 X-레이 사진을 들여다보면서 이렇게 말한다.

"오른쪽 폐에 있는 이 검은 점이 의심스럽군요."

그러면 환자는 대답한다.

"그건 문제없어요, 의사 선생님. 전 사진사인데요, 제가 그 사진을 가지고 가서 사진관 암실에서 찬찬히 살펴 볼 게요."

부정은 첫 번째 반응이다. 만약 의사가 정밀진단을 권하면, 우리들은 보통 그 권유를 뿌리치려고 하며, 의사의 진단이 제대로 됐는지를 재삼재사 요구한다. 의사에게 정확한 진단을 요구하는 것 자체를 잘못됐다고 비난할 수는 없다. 그러나 다른 병원에서 다른 의사조차도 똑 같은 치명적인 병명을 이야기 할 때면, 우리들의 부정은 한층 더 격렬해진다.

"그것이 사실이 아니라고 말해 주세요."

부정은 어떤 면에서 보면 분명 도움이 되기도 한다. 그것은 엄청나게 큰 충격을 완화시켜주는 작용을 하며, 우리들로 하여금 그 충격에 대비할 시간을 벌어준다. 그런 선고를 받은 사람은 자신이 처한 상황에 매우 당황해하는 게 보통이다.

"내가 악몽을 꾸고 있는 거야. 난 꿈에서 깨어날 것이고 그러면 이 모든 어려움은 끝날 게 틀림없어."

그러나 일단 그런 중병의 단계에 들어가서 현실을 직시하게 되면, 우리는 부정의 단계를 벗어나서 그 다음 단계로 접어들게 된다.

사랑하던 사람이 그런 중병의 선고를 받고나서 첫 번째 단계를 경험한 가족들의 입장에서는, 두 가지 반응을 보인다. 그 하나의 반응은, 의료치료가 환자에게 별다른 도움이 되지 않는다는 데 대한 분노이고, 두 번째 반응은, 빨리 의료검진을 받도록 해 주었어야 할 것을 그렇게 해 주지 못했다는 데 대한 후회이다.

죽음이 예견되면, 분노는 환자나 가족들이 자주 보이는 일상적인 반응이 된다. 때로는 자신이 화를 낸다는 사실 자체에 대하여 화가 나기도 한다. 그 때의 불공평하다는 감정을 사람들은 이렇게 표현하곤 한다.

"이렇게 돼서는 안 되는데… 정말 이건 아닌데…."

그들은 만약 하나님이 계신다면 어떻게 자기들이 사랑하던 사람에게 이럴 수가 있느냐고 불평한다.

이런 분노의 감정은 보통 자녀가 한시적인 중병에 걸렸을 경우, 그 부모나 가족들에게서 자주 볼 수 있다. 백혈병에 걸린 아이의 부모들에게서 이런 분노가 아주 강하게 표출된다.

"왜 내 아이어야 하는 거죠? 더 나이 들고 늙어빠진 사람들도 많은데, 왜 하필이면 아직 피어보지도 못한 내 아이냐고요?"

많은 사람들이 하늘을 향해 주먹을 치켜세우며 하나님의 불공평에 대하여 불만을 토로한다. 다일런 토마스는 이렇게 썼다.

"이 밤에 조용히 잠들지 말지어다. 분노해라, 분노해라. 빛이 죽어감에 분노해라."

이처럼 임박한 죽음이라는 현실에 직면하게 되면, 분노가 수반되는 경우가 많다.

열심인 기독교인이라면, 이런 분노는 다스리기 어려운 감정이 될 수도 있다. 나는 이런 불만을 자주 들었다.

"전 지금껏 하나님의 존재를 부정해 본 적이 한 번도 없었어요. 그렇지만…"

하늘에 계신 하나님은 크고 위대하시기 때문에 우리들의 질문에 대답하시고 우리들의 분노조차도 다 받아 주신다. 예수님이 십자가에서 하신 말씀을 잊지 말기 바란다. 그는 시편 22편을 인용하면서 이렇게 말씀하셨다.

"나의 하나님, 나의 하나님, 어찌하여 나를 버리십니까?"

이것은 우리 주님조차도 하나님께 우리들이 고통 속에서 던지는 질문과 똑같은 질문을 던지는, 정말 생동감 넘치는 절규의 한 예이다. 시편 기자의 영혼에도 이런 불평과 분노가 마치 막힌 하수구에 찌꺼기가 넘쳐흐르듯 차고 넘쳐난다.

"내가 내 음성으로 하나님께 부르짖으리니, 하나님께 내 음성으로 부르짖으면 내게 귀를 기울이시리로다. 나의 환난 날에 내가 주를 찾았사오며, 밤에는 내 손을 들고 거두지 아니하였사오며, 내 영혼이 위로받기를 거절하였나이다. 내가 하나님을 생각하고 불안하여 근심하니 내 심령이 상하도다. 주께서 나로 눈을 붙이지 못하게 하시니 내가 피로워 말할 수 없나이다. 내가 옛날 곧 이전 해를 생각하

였사오며, 밤에 한 나의 노래를 묵상하며 심령이 궁구하기를, 주께서 영원히 버리실까, 다시는 은혜를 베풀지 아니하실까, 그 인자하심이 길이 다하였는가, 그 허락을 영구히 폐하셨는가, 하나님이 은혜 베푸심을 잊으셨는가, 노하심으로 그 긍휼을 막으셨는가 하였나이다."

- 시편 77:1 ~ 9

나는 특히 마지막 세 장의 여섯 개의 질문에 주목한다. 성경은 우리에게 우리가 상처를 받았을 때에 질문을 하는 것은 당연하다고 말한다. 그렇다고 우리들이 어떤 만족스런 대답을 기대할 수도 없다. 우리들의 도전은 질문들 저 너머에 존재하는 의미를 찾는 것이며, 우리들의 슬픔을 통해서 무언가를 발견해야 한다는 것이다.

분노는 시간이 지남에 따라 점차 수그러들겠지만, 때로는 훨씬 더 오랫동안 우리들을 괴롭힐 수도 있다. 어떤 사람들은 좀처럼 분노를 멈추려 하지 않는다. 그들은 비탄에 빠질 때까지도 계속 분노에 영양분을 공급한다. 비록 이해할 만한 일이기는 하지만, 이러한 반응은 마치 자기의 뜻대로 세상일이 돌아가지 않는다는 사실에 토라져 있는 어린아이나 보일 법한 태도이다. 분노가 최악의 상황에 이르기까지 계속 방치하는 것은 전혀 도움이 되지 않는다. 그런 행동은 우리들 자신의 마음에 상처를 줄 뿐만 아니라 주위에서 지켜보고 있는 다른 사람들까지도 괴롭힌다.

그 중병의 당사자도 물론 분노한다. 돌이켜보면, 나 자신도 장모님인 미즈 리브의 병간호 기간에 이런 분노를 분출한 바 있었다. 나는 장모님이 무언가 잘못됐다는 걸 알고 계셨다고 이해한다. 그녀의 분노의 표현은 -그것도 자기가 평소에 가장 사랑했던 사람들에게 표현한- 그녀가 느끼고는 있지만 알지는 못하는 병을 자신은 결코 받아들이지 않겠다는 자신의 의지였다. 사랑하던 사람들이 분노하게 되면, 우리는 그들에게 마치 거대한 백상어에게 반응하듯이 반응한다. 우리들 쪽에서 고통 받는 당사자를 피하는 것은 문제를 더 악화시킬 뿐이다. 우리가 마치 포기한 듯한 인상을 준다면, 환자는 더 큰 상실감을 맛보게 되며 결과적으로 더 크게 분노하게 된다.

분노가 잠잠해지면, 그 다음에는 흥정의 단계로 접어들게 된다.

세 번째 과정 : 흥정

크리스천들은 일반적으로 기적을 믿는다. 우리들은 하나님이 기도에 응답하신다는 사실을 안다. 우리들은 성경에서 예수님이 아픈 사람들을 고쳐 주신 이야기를 많이 알고 있으며 심지어는, 죽은 사람까지도 다시 살리셨다는 것도 알고 있다. 우리들의 질문은 이렇다.

"왜 다른 사람들은 치료해 주시면서 제가 사랑하는 사람은 안 된다는 말입니까?"

또는,

"어떻게 내가 가장 열심히 믿는 예수님께서 이런 상황에서 무심하실 수 있습니까?"

기적이 가능하다고 생각하는 것은 중요하다. 하나님은 분명 기적을 창조하신다. 그러나 항상은 아니다. 정의하자면, 기적이란 보통은 잘 일어나지 않는 일이 어쩌다 일어나는 걸 의미한다. 그러므로 기적은 보통 있는 게 아니다. 그것은 훨씬 더 드물게 일어나는 사건이다.

변호사 남편을 둔 매우 우아한 여성이 백혈병 판정을 받았다. 그녀의 병이 진전될수록, 그녀의 남편은 그녀를 두고 더욱 간절히 기도했다. 변호사라는 직업은 속일 수 없는 양, 그는 기도도 직업처럼 했다.

"와이프의 죽음을 앞두고 나의 기도는, 마치 하나님과 흥정하는 것 같았습니다."

우리들은 기도는 만사를 변화시킨다고 배우면서 자랐다. 실제로 그렇다. 그렇지만 기도는 사실 우리 자신을 먼저 변화시킨다. 기도는 먼저 우리들 자신의 마음을 변화시킨 후에 하나님의 마음을 움직인다. 우리들은 예수님의 겟세마네 동산에서의 기도를 하나님과 흥정하는 것으로 간주할지도 모른다.

"아버지여, 만일 아버지의 뜻이어든 이 잔을 내게서 옮기시옵소서."

그러나 이 기도 다음에는 더욱 복종적인 기도가 곧 따라온다.

"그러나 내 원대로 마옵시고 아버지의 원대로 되기를 원하나이다."

- 누가복음 22:42

이 올리브 나무가 가득한 산에서 올린 예수님의 기도는 하나님의 마음을 움직이지 못했다. 그 대신에, 이 확신에 찬 기도는 예수님의 뜻과 하나님의 뜻이 일치했다는 사실을 확인시켜 주었다. 우리들이 신약성경을 읽다보면, 예수님이 기적을 행해 달라는 사람들의 요청을 자주 거절하는 장면을 볼 수 있다. 광야에서의 시험 장면이 그렇다. 그는 구경꾼들이나 만족시켜주는 그런 멋진 메시아가 되길 거부하신다. 그 대신에, 우리가 목격하는 많은 치료의 은사(기적)들은 항상 영적 성장을 동반한다. 요한복음 5장에 나오는 '양의 문' 근처에 있는 베데스다 연못의 병자의 경우가 그 좋은 예이다.

어떤 사람이 38년 동안 몸이 마비되어 있었다. 성경은 예수님이 도시의 성문으로 들어가면서 베데스다 연못 근처에 수많은 사람들이 모여 있음을 보았다고 기록하고 있다. 그들은 모두 병든 사람들이며 기적을 간절히 바라고 있었다. 천사가 연못의 물을 휘저어 놓을 때에, 첫 번째로 뛰어든 사람만이 치료될 수 있다는 것이다. 예수님은 그 전신이 마비된 사람에게 찾아 가셨다. 그는 여러 병자들 중 하나였다. 그리고 이렇게 물으셨다.

"네가 낫고자 하느냐?"

비록 그 남자가 이런 저런 변명을 늘어놓기는 했지만, 또 성경만 놓고 보면 그의 믿음에 관한 내용도 없지만, 예수님은 그를 고쳐 주셨다.

누구나 무리 속에서 이런 외침이 있었으리라는 점을 쉽게 떠올릴 수 있다.

"이봐요, 왜 난 안되죠? 나도 치료받고 싶단 말이에요!"

오직 한 명만이 치료 받았다. 우리들이나, 우리가 사랑하는 사람이 질병으로 고통 받고 있을 때, 우리들은 다른 사람들이 치료 되었다는 이야기를 종종 듣는다. 그 때에 우리들은 이렇게 질문한다.

"왜 내 남편이 아닌 다른 사람들만….'

또는

"내게는 왜 치료의 광선을 비추어 주시지 않나요?"

기독교 환경에서 자라나고 오랫동안 기도생활을 해 본 사람이라면 누구나, 기도가 단지 요구만 하는 게 아니라는 사실을 잘 이해하고 있을 것이다. 기도는 하나님과의 관계이다. 우리의 가슴이 하늘에 계신 하나님의 마음과 가장 가깝게 맞닿아 있는 순간이기도 하다. 우리가 기도할 때, 우리들이 기도하는 모든 것이 다 이루어지지는 않는다. 그렇지만 나는 우리가 필요한 것은 언제나 받는다고 생각한다.

그럼에도 불구하고 하나님과 흥정을 하는 것은 매우 현실적인 문제이다. 순환성 암에 걸린 어느 여성을 보살펴 준 적이 있었다. 그녀는 아마도 내가

아는 사람들 중 '흥정' 에 가장 뛰어난 사람이었을 것이다. 그녀는 부정과 분노의 단계를 이미 거쳤다. 그런 다음 본격적인 흥정의 단계에 들어갔다. 그녀는 이렇게 기도했다.

"하나님 아버지, 저는 단지 제 딸아이가 고등학교를 졸업하는 걸 보고 싶을 뿐입니다."

그녀의 암은 정말 신기롭게도 잠시 동안 진행을 멈추었고, 그녀의 딸은 고등학교를 졸업하였다. 나는 그녀를 딸이 고등학교를 졸업하고 한 달인가 두 달이 지난 후에 만났다. 내가 말했다.

"기도에 응답을 받으셨군요. 당신은 하나님께서 당신이 딸의 졸업식에 참석하도록 해주실 것이라고 줄곧 믿어오지 않았습니까?"

"네, 그랬지요. 그렇지만 지금은 대학을 졸업하는 걸 보고 싶다고 말씀드리지요."

"그러면 4년이 더 남았군요."

"압니다. 그렇지만 하나님이시라면 충분히 그렇게 하실 수 있죠. 난 딸아이가 대학에서 학사모를 쓰고 졸업하는 모습을 보고 싶을 뿐이에요."

딸이 대학을 다니는 동안, 그녀는 또 다른 암에 걸렸다. 그녀는 화학요법과 방사능치료를 함께 받아야 했다. 그녀는 4년을 더 살고 마침내 딸이 대학을 졸업하는 광경을 볼 수 있었다. 그녀의 딸이 막 대학을 졸업하고 나서, 나는 그녀와 이야기했다.

"당신은 골포스트를 옮겨 놓았군요, 그렇죠?"

"네, 그래요. 전 이제 딸아이가 결혼하는 걸 보게 해 달라고 조르고 있답니다."

"약혼을 했나요?"

"아뇨, 아직 약혼하지 않았어요. 그렇지만 언젠가 하겠지요."

이 여성은 딸이 약혼할 때까지 살아남았다. 그러나 애석하게도, 딸의 결혼식은 보지 못하고 세상을 떠났다. 나는 그녀의 딸 결혼식의 주례를 맡았다. 결혼식 도중에 나는 딸에게 이렇게 말했다.

"어머니께서 언제나 이 결혼식을 간절히 보고싶어 하셨다는 사실을 잊어서는 안됩니다. 어머니께서는 천국의 발코니에 서서 지금 이 광경을 지켜보고 계실 거예요."

아마도 하나님께서 허락하신 유예기간이 끝나자마자 그녀의 병세가 급속히 악화되었던 것 같다.

이제 우리들은 죽음이 가까워짐에 따라 수동적인 포기상태로 들어가게 된다.

네 번째 과정 : 자포자기

낙망한 사람을 위로하기란 참 어렵다. 자기가 죽어가고 있다는 사실 때문에 깊은 좌절에 빠져있는 사람은 자살을 심각하게 고려하고 있을지도 모른다. 그 가족들 또한 비슷한 처지에 있다고 보면 된다. 욥의 부인은 고통으로 신음하고 있는 남편에게 이렇게 말한다.

"차라리 하나님을 저주하고 죽어버려요!"

기독교 신앙심이 비교적 투철하다고 하는 크리스천들에게서 자주 발견되는 실수 중 하나는, 그들이 고통을 받고 있는 사람들에게 너무 쉽게 대답한다는 점이다. 대표적인 표현들을 보면 이런 것들이다.

"그건 하나님의 뜻이야."

또는,

"그래도 천만다행이지, 뭐."

우리들은 욥의 친구들로부터 매우 중요한 가르침을 얻을 수 있다. 일주일 동안이나, 그들은 고통 받는 친구와 아무 말도 하지 않고 함께 지내 주었다는 점이다. 그건 참 잘한 행동이다. 그들은 그 후에 아무 말도 없이그냥 떠났어야 했다. 그러나 그들은 그렇게 하지 않았다. 대신, 그들은 욥의 고통의 원인을 설명하려고 했다. 그들의 설명은 마치 상처난 부위에 소금을 뿌리는 격이었다. 정말 좋은 위로의 사람들이 순식간에 무자비하게 고문하는 사람들로 바뀌는 장면이다.

사랑하는 사람이 자포자기 상태에 빠져 있을 때는, 그들의 곁에 그냥 있어준다는 게 무엇보다도 중요하다. 그들은 침묵으로 시간을 보낼 수도 있으며, 때로는 흐느끼기도 할 것이다. 이 절망의 순간에 그 죽어가는 사람들은 조용히 자신의 삶을 돌이켜보고 있을지도 모른다. 그들과 함께 하고 있을 때 우리들은 최대한 긍정적인 자세로 위로하는 마음을 갖는 게 중요하다. 위에서 말한 욥의 아내가 한 행동과는 정반대라고 보면 된다. 이런 저런 설명보다는 조용히 곁에 있어주는 게 가장 좋은 위로이다.

2003년 가을에, 나는 내가 매우 아끼던 여인의 장례식을 집전한 적이 있었다. 그녀는 우리 교회 일에도 아주 헌신적인 여성이었으며, 내가 아는 한 가장 열심히 기도하는 신도였다. 내가 마지막으로 그녀를 방문했을 때, 나의 아내도 동행했다. 우리가 그녀의 침대 머리에 섰을 때, 그녀가 말했다.

"목사님, 제가 매일 목사님을 위해서 기도하고 있다는 거 아세요?"

나는 그녀에게 고맙다고 말했다.

"룻, 당신의 기도 덕분에 내가 목회를 감당하고 있답니다."

"고마워요, 목사님. 비록 제가 지금은 이렇게 침대에 누워 있지만, 언젠가는 다시 힘차게 일어날 거예요. 또 설사 죽음으로 향하고 있다 해도, 저는 목사님을 위한 기도를 멈추지 않을 거예요."

그녀의 기도는 정말 내게 큰 힘과 격려가 되어 주었다. 그녀는 정말 죽음을 맞이하는 그 순간까지도 기도를 멈추지 않았다.

때때로, 자포자기의 기간에도 다른 사람을 도울 수 있다는 것은, 우리들에게 그 마지막 순간의 삶조차도 결코 낭비가 아니라는 사실을 일깨워준다. 우리들은, 죽어가는 사람들이 자신들이 가족들에게 짐이 된다는 말을 하는 걸 흔히 듣게 된다. 아마도 이런 말을 들은 경험이 있을 것이다.

"나는 다른 식구들한테 짐만 돼."

　물론 죽어가는 사람을 간호한다는 건 그 가족들에게 물질적으로나 정신적으로나 엄청난 고통이고 부담임에는 틀림없다. 그러나 이런 어려움은 결국 우리가 가족이라는, 또는 친척이라는 이유로 인하여 기꺼이 짊어져야 할 짐인 것이다.

　자포자기의 다음 단계는 죽음이라는 현실을 받아들이는 단계이다.

죽음을 앞두고 있는 사람들이 '받아들임'의 단계에 들어간다는 것은 아주 현명한 선택이라고 볼 수 있다. 단, 그들이 약물이나 치료의 후유증으로 인해 사고능력이 현저히 떨어지지 않고 정상적으로 사고할 수 있다는 전제에서 말이다. 일단 우리들이 죽음의 실체를 받아들이면, 우리는 삶의 대미(大尾)를 장식할 새로운 시각을 개발하게 된다. 그것은 곧 우리들이 기독교도라면, 죽음을 이겼다는 긍정적인 믿음을 갖는 것이다. 죽음이란, 믿음의 눈으로 본다면, 이 세상에서 저 세상으로 가는 하나의 징검다리에 불과하다.

오랜 세월을 통하여, 나는 죽음을 앞두고있는 사람들은 누군가와 말하고 싶어한다는 사실을 깨달았다. 나는 병원에서 임종을 얼마 남겨두지 않은 노인과 이야기 했다.

"지금 이 순간이 당신에게 어떤 의미가 있는지 말씀해 주세요."

"음… 나는 줄곧 죽음에 대해서 생각해 왔지. 당신이 그렇게 물으니 우습군."

그는 잠시 생각에 잠겼다.

"만약 어떤 사람이 내게 다시 이 세상에 태어날 용의가 있느냐고 물어온다면, 나는 이렇게 대답할거야. '고맙지만 사양하겠네.' 라고. 나는 편안했지. 따뜻했어. 어머니의 자궁 속에 있을 땐 내가 필요한 모든 게 다 채워졌어. 그런데 내가 왜 이 찬바람 부는 세상에 내 버려져야하지? 돌이켜 생각해 보면, 어머니의 뱃속에 있을 때가 제일 좋았지."

그러면 그에게 죽는 것이 좋으냐고 물었다.

"아니야, 그래도 사는 게 좋지. 난 살아오면서 인생을 즐겼어. 솔직히 죽고 싶진 않지만, 내 마음대로 되는 건 아니잖아? 내가 저 세상에 가면, 여기서의 일들을 추억하겠지. 그러면서 삶이 그래도 조금씩 더 나아졌다는 걸 생각하면 큰 위로가 될 거야. 내가 이 세상에 태어난 것을 즐겼듯이, 죽음의 경험도 틀림없이 즐거운 추억이 될 거야."

일단 죽음이 받아들여지면, 우리들은 이제 떠날 준비가 다 된 셈이다.

여섯 번째 과정 : 놓아 보냄

로널드 월쉬는 매우 재능 있는 음악가이자 천부적인 영성지도자이다. 그는 아주 열심히 기도하는 사람으로 기도로 많은 사람들을 축복해 주었다. 그와 함께 16년간 목회를 했던 경험은 내겐 아주 큰 특권이었다. 암의 공격으로 인해 말년 몇 년간은 험한 싸움을 해야 했지만, 로널드는 그의 마지막을 평온히 맞이했다. 그의 죽음은 죽기 몇 달 전에 이미 예상되었다. 그가 죽음을 맞이하는 자세는 본받을 만했다. 죽음을 몇 주 앞두고, 그의 병실을방문하는 모든 사람들은 그로부터 축복을 받았다. 임종 직전의 방문인지라, 그 방문은 아주 짧을 수밖에 없었는데, 그럼에도 그는 불구하고 모든 사람들에게 기도를 해 주었다. 그에게 위로를 해 주려고 찾아간 사람들이 오히려 위로를 받고 오는 격이었다. 찾아오는 모든 사람들에게 그는 이렇게 말했다.

"내가 축복을 해 주고 싶은데…."

그는 방문하는 사람을 자기 침대 옆에 무릎 꿇고 앉게 한 후, 손을 머리에 얹고 축복의 기도를 해 주곤 했다.

예수님도 마지막 때에, 로마 병정들의 손에 넘겨져서 죽기 직전에 오히려 다른 사람들을 축복해 주시지 않았던가. 죽어가는 강도들, 자신의 어머니, 사랑하는 제자 요한, 그리고 심지어는 자기를 십자가에 못 박은 사람들까지도 말이다. 예수님이 십자가에서 남기신 말씀들은 언제나 어느 때나 우리 모두에게 축복의 언어가 되고 있다. 이것이야말로 정말 주님께서 우리들에게 주시는 크나 큰 은총이다. 그렇기 때문에 예수님은 십자가에서 "다 이루었다."라고 말씀하실 수 있었던 것이다. 예수님은 죽음의 사슬로부터 해방되었고 다음과 같은 해방선언을 할 수 있었다.

"아버지여, 내 영혼을 아버지 손에 부탁하나이다."

- 누가복음 23:46

내가 많은 크리스천들과 함께 죽음의 문턱까지 동행할 수 있었다는 건 정말이지 엄청난 특권이라 아니할 수 없다. 그들은 더 이상 기적을 간구하지 않는다. 부활이야말로 가장 큰 기적이라는 사실을 알기 때문이다. 어느 여성이 내게 이렇게 말했다.

"부활이란 새롭게 태어나는 거잖아요. 나는 완전한 새로운 몸을 입고 태어날 거예요. 아주 전신 성형수술이지요."

사도 바울은 고린도후서 4장 16절에서 이렇게 말했다.

"…겉 사람은 후패하나 우리의 속은 날로 새롭도다."

육신의 속박으로부터 해방되는 순간은 실로 아름다운 경험이며 성스러운 순간이다. 죽어가는 사람에게만 주어지는 이 특별한 선물은 성스러운 땅에 서 있는 것 같다고 한다. 나의 할아버지는 내게 죽음에 관해서 많은 것을 가르쳐 주셨다. 할아버지는 임종 직전에 손자들을 모두 침대 옆에 모은 후 마지막 숨을 내쉬면서 이렇게 말씀하셨다.

"이게 바로 나란다."

할아버지가 돌아가신 후 9년이 지나서, 할머니는 임종 직전에 큰 소리로 이렇게 말씀하셨다.

"참 멋지지 않니? 정말 멋있어!"

나는 그 순간 할머니께서 무엇을 듣고 무엇을 보셨는지 알 수 없었지만, 그녀의 표정을 볼 때, 삶의 마지막 순간이 아름다움으로 가득 찼음을 짐작할 수 있었다.

놓여짐의 단계에서는 환자나 그 가족들 모두에게 용기가 필요하다. 그 용기는 바로 믿음에서 오는 것이다. 바울은 로마서에서 이렇게 말한다.

"현재의 고난은 장차 우리에게 나타날 영광과 족히 비교할 수 없도다."

- 로마서 8:18

이건 정말 놀랄만한 고백이며 바로 그리스도인이 갖추어야 할 마음가짐이다.

나의 장모님 미즈 리브의 마지막 몇 주간은 정말 힘들었다. 특히 아내 클레어와 처남인 벤이 자신들의 어머니가 고통 속에서 신음하고 있는 모습을 지켜보고 있는 건 정말 참기 힘든 고역이었을 것이다. 그래서 우리들은 미즈 리브를 편안히 해 주는 일이라면 가능한 모든 의료수단을 다 동원했다. 그녀는 가끔씩 의식이 돌아올 때마다 계속 중얼거렸다.

"나는 고향에 가고 싶어. 고향에 가고 싶단 말이야."

노인 요양병원으로 옮기고 난 후, 노인심리 전문치료사가 이렇게 말했다.

"당신 어머니가 그리워하는 고향은 이 땅 위의 고향이 아닙니다."

우리들은 처음에는 미즈 리브가 당신이 최근 26년 동안 살았던 그 고향을 그리워하는 것이라고 생각했다. 그러나 점차 그녀가 그 고향을 뜻하지 않음이 명백해지기 시작했다. 다음에는 모두들, '아마도 어렸을 때 소녀시

절의 고향을 떠올리시고 있나보다.' 라고 생각했다.

아내 클레어는 장모님의 어린 시절 이야기를 회상했다. 아내 클레어에 따르면, 어린시절 미즈 리브는 빅토리아풍의 대저택에 살았다고 한다. 장모님의 어머니는 다섯 명의 아이들을 침대에 뉘어 놓고는 아래층으로 내려가서 피아노 앞에 앉아 라흐마니노프의 음악을 아이들이 잠들 때까지 연주해 주었다는 것이다.

아내 클레어가 아이디어를 냈다. 우리는 리피트버튼이 있는 작은 CD 플레이어를 하나 구입했다. 그리고는 라흐마니노프의 CD를 몇 장 샀다. 그 CD 플레이어를 요양원의 장모님 방 침대 맡에 놓고 계속해서 라흐마니노프의 음악이 나오게 해 드렸다. 그때부터 미즈 리브는 훨씬 더 편안해지고 쉽게 잠들었다. 장모님의 작은 동생이자 아내 클레어의 삼촌인 지미가 와서 그 광경을 보더니 감탄했다.

"정말 훌륭한 아이디어군. 엄마는 우리가 잠들 때까지 계속해서 피아노를 쳐 주셨지."

음악은 계속 흘렀다. 미즈 리브는 잠들기 시작했다. 그리고 그녀는 결국 고향으로 갔다. 하늘에 있는 새 고향으로.

장모님의 임종 몇 시간 전에, 나와 아내는 요양원에 있는 그녀의 방 문 앞에 서 있었다.

나는 물었다.

"여보, 어머니를 보내드릴 마음의 준비가 되었소?"

"네, 저는 마치 어머니가 오래 전에 저 세상으로 가신 것 같아요. 담담하네요."

나는 아내와 함께 기도했다. 그 기도는 우리 가족들이 장모님을 위해서 오랫동안 늘 해오던 기도였다. 그것은 장모님을 보내드리는, 아주 단순한 기도였다.

"하나님 아버지, 여기 우리들이 사랑하던 사람을 보냅니다. 이제 당신께 서 그녀를 곁에 품어 주소서."

사랑하던 사람이 죽고 난 후에도 당신은 이 '보냄' 의 기도를 계속 할 수 있다. 그런 기도를 하고 나면, 당신은 우리 인간들이 이해할 수 없는 마음의 평화를 맛보게 될 것이다. 당신은 가족, 친척, 또는 친구의 예상했던 죽음 그 이후에 밀려오는 슬픔을 자연스레 회복하게 될 것이다. 이런 회복의 과 정은 동시에 일어나지는 않는다. 이 과정은 삶의 여러 과정 중의 하나일 뿐 이다. 그것은 강물처럼 흘러간다. 당신은 강물 뒤에 서서 강물을 더 빨리 흐 르도록 밀어낼 수도 없다. 그냥 흐르는 대로 흘러가게 두어야 한다. 그러면 당신의 영혼에도 강 같은 평화가 흐를 것이다.

똑같은 방식으로 슬퍼하는 사람은 아무도 없다. 어떤 사람은 끝까지 그 죽음을 부정하며 깊은 슬픔의 수렁에 빠져있는 사람도 있다. 또 다른 사람 은 신의 불공평함을 호소하며 끓어오르는 분노를 주체하지 못하는 사람도 있다. 그러나 또 다른 많은 사람들은 그 상실을 있는 그대로 받아들이고 슬 픔을 금방 극복하는 경우도 있다. 이런 많은 차이에도 불구하고, 우리 모두 는 사랑하던 사람을 잃었다는 공통된 슬픔을 간직하고 있다.

슬픔이 어느 순간 갑작스런 죽음으로 인해 우리를 덮치건, 또는 만성적 인 질환으로 인하여 서서히 찾아오건 간에, 우리들이 비슷한 반응을 보이 는 측면도 있다. 즉, 우리들의 슬픔에는 공통분모가 있다는 말이다.

최근의 연구결과에서 우리들은 슬픔으로부터 우리가 무엇을 찾아내었는지를 알 수 있다.

폴 매시쥬스키, 바오후이 장, 수잔 블록, 그리고 홀리 프리거슨 등 네 명의 의사들은 《미국의학협회저널》2007년 2월호에 '슬픔의 통계학적 조사'라는 연구논문을 발표하였다. 그들은 그 논문에서 '그리워 함'을 죽은 사람의 가족이나 친척들이 겪는 가장 으뜸가는 슬픔의 증세로 꼽았다. 우리들은 슬픔을 극복하고 다시 정상적인 삶으로 돌아온 이후에 조차도 죽은 사람을 그리워하곤 한다. '미치도록 그리운' 그 감정이야말로 우리들을 끊임없이 괴롭힌다.

나는 지금도 나의 장모님이 만들어 주신 프라이드 치킨이 먹고 싶고, 미즈 리브의 손맛이 들어간 고소한 비스킷이 그립다. 나는 지금도 아버지의 옛날이야기와 그의 담배 냄새를 그리워한다. 나는 지금도 어머니가 꼭 끌어안아 주실 때의 그 향수냄새가 그립다. 나는 지금도 아들 에릭을 그리워한다. 이 그리움들은 아마도 내가 죽는 날까지 계속될 것이다.

우리들의 슬픔에 있어서, 때때로 평화는 부활신앙처럼 찾아온다. 먼저 떠나간 사람들을 그리워하는 마음은 이 세상에서의 삶이 계속되는 한 결코 끝나지 않을 것이다. 크리스천들에게, 깊은 그리움은 주님께서 주시는 평화로 상당부분 위안을 받는다. 우리들은 저 세상에 가면 우리들이 그토록 그리워하던 사람들을 다시 만날 수 있다는 희망을 갖고 살아간다.

결국 이 세상에서의 슬픔이란, 하늘나라에서 사랑했던 모든 사람들이 한자리에 모여 재회의 기쁨을 누릴 그날을 기대하면 충분히 참고 견딜 수 있는 것이다.

집착과 분리

제 3 장

슬픔 배워가기

　탯줄이 끊어지면 새롭게 태어난 생명은 어머니로부터 분리된다. 어린 아기는 자기의 첫 번째 슬픔을 표현하기 위하여 울음을 터뜨린다. 어머니는 아기를 자기 가슴에 안아 젖을 먹이며 아기를 달랜다. 새로운 결속이 시작되는 순간이다. 어떤 어머니들은 아기를 낳기 전에 우울한 감정을 느끼기도 하며, 또 다른 어머니들은 아기를 낳고 나서 산후우울증에 빠지기도 한다. 이런 감정들은 모두 산모가 아기를 낳기 전에, 또는 직후에 느끼는 슬픔들이다.

　나서부터 죽을 때까지, 삶이란 만남과 이별의 끝없는 연속이다. 어떤 만남이건 거기에는, 우리가 예상치 못한, 또한 피할 수 없는 이별의 고통이란 위험을 수반하고 있다. 어린 아기는 밤에 자다가 깨어나서 엄마가 옆에 없으면 울어댄다. 상실의 각 단계는 매번 우리들에게 슬픔의 방법을 가르쳐 준다.

유아기의 슬픔

다른 사람들의 보호 아래 놓여 진 어린아이는 자신의 어머니가 떠나가는 것을 원치 않는다. 젊은 엄마 역시도, 자신의 아기가 우는 것을 보면서 떠나기가 쉽지 않다. 보육원이나 유아 교육시설의 선생님들은 어머니들에게 떠날 때 뒤를 돌아보지 말고 과감히 떠나라고 충고한다. 이별의 순간을 될 수 있으면 짧게 하라는 권유이다. 어린아이의 입장에서 보면, 눈에서 보이지 않는다는 것은 마음에서도 멀어진다는 의미이다. 일단 부모가 떠나고 나면, 아이의 주의력도 전환되는 경향이 있다.

이것이 바로 이른 나이에 보육시설 같은 곳에 맡겨졌던 아이들이 교회 주일학교에서 더 잘 적응하는 특별한 이유인 것이다. 이런 아이들은 경험을 통하여, 어머니가 반드시 돌아온다는 사실을 알고 있는 것이다. 안녕이라는 말을 배우는 것은 슬퍼하는 방법을 배우는 첫 번째 단계이다.

점차 성장해가면서, 우리들은 우리들이 즐기던 모든 것들이 일시적이라는 사실을 배우게 된다. 더운 여름날의 초콜릿 아이스크림은 쉬 녹아 없어진다. 겨울에 눈사람을 만드는 일은 분명 즐거운 추억이지만, 일 년에 그럴 수 있는 날은 손으로 꼽을 정도이다. 헬륨이 들어있는 풍선을 날리는 추억은 더더욱 순간이다. 이런 기쁨들 중 어느 하나라도 잃어버리게 된다면, 어린아이들은 금방 슬픔에 빠지게 된다.

켄터키 주에서 축제가 있었을 때, 어린 아들을 데리고 갔던 기억이 난다. 겨우 세살짜리 어린아이에겐 보는 것, 듣는 것, 음식냄새 등 모든 것이 황홀하기만 했을 것이다. 그 아이는 특별히 생전 처음으로 보는 솜사탕에 매료

되어 있었다. 나는 아들을 머리 위에 무등 태워서 솜사탕 만드는 것을 볼 수 있게 해 주었다. 막 둥글게 말아진 솜사탕을 하나 사 주자, 아들 녀석은 게 눈 감추듯 먹어 치웠다.

축제 구경을 마치고 주차장으로 향할 때, 아이는 솜사탕을 하나 더 사달라고 졸랐다. 두 번째 솜사탕을 사 주었을 때, 아들은 그것을 먹다말고 차 옆 길바닥에 내 던졌다. 솜사탕은 흙, 잔디 부스러기, 먼지로 뒤범벅이 되었다. 나는 그 솜사탕을 주워서 휴지에 말아 집에까지 가지고 와서 버렸다. 그런 행동은 아마도 아이에게 쓰레기를 함부로 버리면 안된다는 산교육이 되었을 것이다.

우리들이 집에 도착하자마자, 꼬마 녀석은 화장실로 뛰어가더니 손에 묻은 솜사탕을 말끔히 씻어 내었다. 이제 아이에게서 솜사탕의 흔적은 완전히 없어졌다. 그러자 아들 녀석은 자기의 손을 앞으로 내밀더니, 하늘을 향해 울음을 터뜨렸다. 그 장면은 마치 '모든 게 사라지고 없다.' 는 하소연을 하는 것 같았다. 불과 세 살짜리 어린아이도, 갑작스런 상실 이후의 쇼크를 그런 식으로 표현하는 것이다.

애완동물이 죽었을 때

내가 대략 일곱 살 쯤 되었을 때, 형제들 중에서는 내가 나이가 제일 많았지만, 우리 가족은 훨씬 더 큰 집으로 이사했다. 새 집은 앞과 옆이 모두 푸른 풀밭으로 탁 트여 있었고, 뒤는 아름드리 나무들이 가득 찬 숲으로 둘러싸여 있었다. 비록 엄마는 우리 다섯 아이들과 집안 살림을 하느라고 눈코 뜰 새 없었지만, 아버지는 이제 내게 강아지를 한 마리 사줄 때가 되었다는 것을 알았다. 나의 생일선물은 암컷 비글 —사냥용의 귀가 축 늘어지고 다리가 짧은 — 강아지였다. 나는 그 개의 이름을 '캐티' 라고 지었다. 엄마가 강아지를 집안에 들여 놓는 것을 아주 싫어했으므로, 나는 그 강아지를 밖에서만 키워야 했다. 캐티가 가장 즐기는 놀이는 토끼를 쫓는 일이었다. 아침나절이면 자주, 나는 캐티가 토끼를 쫓아가며 사냥개의 진면목을 유감없이 발휘하는 광경을 목격하곤 했다. 캐티는 잔디밭을 가로질러 어두운 숲 속까지도 용감무쌍하게 따라 들어갔다.

우리 집 길 건너편에는 목장이 있었는데 그 목장에서는 수많은 젖소들을 키우고 있었다. 토끼 사냥에서 실패하는 날 아침이면 언제나, 내 사랑하는 강아지는 목장에서 어슬렁거리는 젖소를 한 마리나 두 마리쯤 찾아내어 녀석들을 놀라게 해주곤 했다.

어느 봄날 아침이었다. 나는 총소리와 개 짖는 소리를 동시에 들었다. 그리고는 조용했다. 걱정스러운 마음에 서둘러 옷을 입고 아래층으로 내려갔더니 거기에는 이미 아빠가 서 계셨다. 아빠가 들고 있는 상자 속에는 캐티가 담겨져 있었고, 그 상자에서는 피가 뚝뚝 떨어져 내리고 있었다. 아빠는

어느 사냥꾼이 실수로 캐티를 쏘고는 그냥 도망친 것 같다고 말씀하셨다.

우리는 서둘러 캐티를 이웃 마을에 사는 닥터 브라운에게로 데리고 갔다. 닥터 브라운은 수의사였는데, 브라운 아저씨의 아들인 토미와 나는 같은 또래의 친구였다. 나는 멀찌기 서 있었지만, 브라운 아저씨가 아빠에게 하는 말을 어렴풋이 들을 수 있었다. 캐티의 뒷다리가 총에 맞아서 모두 부러졌으며 아마도 안락사를 시켜야 할 것 같다고 말하는 것 같았다. 브라운 아저씨는 아빠에게 캐티가 고통을 느끼지는 못할 것이라고 안심시켜 주기도 했다. 닥터 브라운은 날보고 강아지를 데리고 가서 며칠간 함께 지내면서 잘 돌보아주라고 말씀하셨다. 지금 생각해보니, 나에게 마지막 작별인사를 할 시간을 주었던 것 같았다. 불쌍한 캐티는 종이상자를 결코 떠난 적이 없었다. 그리고 두 번 다시 꼬리를 흔들지도 않았다. 그냥 서글픈 눈으로 나를 올려다 볼 뿐이었다.

하루인가 이틀이 지나서 아버지가 이렇게 말씀하셨다.

"컬크, 캐티가 더 이상 좋아질 수 없다는 거 너도 잘 알지?"

나는 누구보다도 잘 알았다. 그래서 서글프게 울었다. 울면서 아빠에게 말했다.

"네, 잘 알아요. 닥터 브라운이 캐티를 조용히 잠들게 해 주었으면 좋겠어요."

아빠와 나는 캐티가 담겨져 있는 종이상자를 들고 브라운 아저씨에게로 갔다. 그리고 나는 다시 한 번 캐티에게 작별인사를 했다. 죽음의 실체와 그것으로부터의 슬픔을 맞이하는 첫 번째 순간이었다. 캐티에게 한 작별인사는 그 후 찾아오는 여러 번의 작별인사 중 최초의 것이었다.

애완동물, 특히 강아지의 죽음은 어린 시절 아이들이 겪는 첫 번째 슬픔이 되는 경우가 종종 있다. 그 경험은 어린이들에게 장례의 첫 번째 역할모델이 되기도 한다.

아이들이 어렸을 때, 우리 집에서는 이런 저런 개와 애완동물들을 많이 키웠다. 어느 토요일 아침, 수족관에 있던 물고기 한 마리가 죽어 있는 것을 발견했다. 나는 아이들과 함께 그 죽어 있는 불쌍한 검상(劍狀) 꼬리 송사리를 조심스레 건져내서 작은 상자 속에 넣었다. 그리고 그것을 화단 위에 놓고 모두 함께 찬송가를 부르고 기도를 했다. 그런 다음 그 상자와 함께 땅에 묻어 주었다.

집안으로 돌아와 보니, 또 한 마리의 물고기가 죽어서 배를 위로 하얗게 뒤집은 채 떠 있는 것을 볼 수 있었다. 이번에는 그렇게 거창한 장례식을 치러 주지 않았다. 두 번째 열대어는 그냥 휴지로 싸서 정원에 살짝 묻어 주었다.

거실로 돌아와 보니 이번에는 다른 열대어 한마리가 또 죽어 있었다. 아들 중 하나가 수족관을 찬찬히 살펴본 후, 수족관 물 위에 작은 호두나무 가지가 떨어져 있다는 사실을 내게 말해 주었다. 그 호두나무 잎이 독소의 역할을 한 것이었다. 우리는 물고기들이 독소로 인해 고통당하고 있는 것도 모른 채 지내왔다.

이 세 번째 물고기의 장례식은 훨씬 더 간소하게 치러졌다. 일곱 살 난 아들은 그 이유를 이렇게 설명했다.

"아빠, 이 녀석은 어항에서 살만큼 살았어요. 그러니까 우리는 애를 바다에 장사지내 주어야 해요."

이 가엾은 죽은 물고기는 화장실 변기에 넣어져서 하수구로 보내졌다.

조부모의 죽음

　할아버지와 할머니의 죽음은 어린이들이 흔하게 겪는 상실이다. 이 경험은 그들이 이 세상에 태어나서 겪는 최초의 상실이며, 처음으로 사랑하던 사람을 잃었다는 충격으로인해 그 후유증이 결코 만만치 않다. 나의 할아버지가 돌아가셨을 때를 돌이켜 기억해보면 이 말은 진실임에 틀림없다. 우리가 사랑하던 사람을 잃게 되는 첫 번째 경험은, 우리 인생 내내 동일한 상실로부터 오는 슬픔에 대비하게 하여 주기도 한다.

　할아버지는 내가 고등학교를 졸업하던 해에 돌아가셨다. 그 해 여름에, 대학으로 떠나기 바로 직전, 나는 지금은 짐바브웨라고 알려진 로데시아라는 곳으로 선교여행을 떠날 기회가 있었다. 삼촌과 외숙모가 그곳에서 선교사로 일하고 계셨다. 그 여행은 거의 두 달 간이나 계속되었다. 내가 없을 동안에, 우리들이 파피라고 불렀던 할아버지는 두 번째로 심장마비를 당하셨다. 아버지는 내게 전화를 해서 가능한 한 충격을 덜 주려고 별로 대수롭지 않은 것처럼 말씀하셨다.

　"할아버지가 다시 아프셔서 병원에 입원하셨단다."

　할아버지는 언제나 나의 친한 낚시 친구였다. 그러나 그해 여름에 우리는 고기를 별로 잡지 못했다. 단지 낚시에 관한 대화만이 오갔을 뿐이었다. 그해에는 새로 잡은 싱싱한 고기로 요리를 해보지 못했다. 언제나 시장에서 사온 고기가 식탁을 차지했다. 할아버지의 식이요법 때문이기도 했지만, 나는 그해 여름 내내 프라이드 치킨도 먹어보지 못했고, 돼지 족발도 맛보지 못했다.

할머니는, 보통 마미라고 불리셨는데, 치매와 천식을 앓고계셨다.

마미는 두 가지 병과 싸우느라고 하루에도 많은 알약을 복용하셔야만 했다. 천식 때문에 할머니의 침대 곁에는 항상 산소호흡기가 있었다.

내가 아프리카로부터 돌아오고 나서 며칠이 지났을 때, 나의 열여덟 번째 생일 바로 직전에, 할머니는 전화로 나를 부르셨다. 천둥이 칠 것 같으니 침대 곁에 와서 창문을 좀 내려 달라는 것이었다. 나는 할머니와 할아버지의 집으로 급히 달려갔다. 창문은 이미 내려져 있었다. 할아버지가 할머니의 산소 마스크를 쓰고 계셨다. 나는 순간적으로 뭔가 아주 일이 크게 잘못되어가고 있다고 생각했다.

"할아버지, 괜찮아요?"

"컬크야, 내 틀니 좀 다오."

할아버지의 틀니는 평상시처럼 침대 옆 탁자 위에 있었다.

"할아버지, 버기스 박사를 불러야 하겠어요."

"아니다. 브라운 박사를 불러라."

"브라운 박사는 수의사인데요?"

"그래, 나도 안다. 브라운 박사는 자기 환자들에게 어디가 아프냐고 묻지 않아."

그렇지만 나는 버기스 박사를 불렀다. 그는 심장병 전문의였다. 버기스 박사는 내 전화를 받자마자 구급차를 보내왔다. 나는 곧바로 아버지에게도 전화했다. 할아버지에게 세 번째 심장발작이 일어난 것이었다. 지금 내 기억으로는, 앤 숙모가 와서 할머니를 지켜 드렸던 것 같다.

앰뷸런스는 할아버지를 응급실로 이송했다. 아버지와 나는 병원까지 구급차를 함께 타고 갔다. 우리가 병원에 도착해보니, 네 명의 삼촌들이 벌써 병원에 와서 기다리고 계셨다. 의료 기술자인 빌 삼촌은 할아버지의 산소 호흡기를 조작해 주었다. 할아버지는 숨이 차서 헐떡이고 계셨다. 파피는 계속해서 이렇게 소리치고 계셨다.

"빌아, 좀 더 세게 해다오. 숨을 쉬기가 너무 힘들구나."

우리들 모두는 최대한도로 틀어 놓은 산소호흡기에서 나오는 쉬~쉭 소리를 들을 수 있었다. 마침내, 웨슬리 삼촌이 산소 호흡기의 줄을 따라서 침대 밑을 살펴보았다.

"이런, 맙소사! 튜브가 기계하고 연결도 되지 않았네."

빌 삼촌은 기계와 튜브를 연결해 놓았다. 그러자 할아버지는 훨씬 더 숨 쉬기가 편안해 보였다. 이젠 농담까지 하셨다.

"그래서 저녁 기도가 필요하다는 거야."

파피는 병원에 한 달이 넘게 계셨다.

이 세 번째의 발작으로 할아버지의 심장은 급격히 악화됐다. 삼촌 중 한 분이 매일 할머니를 병원에 데려와서 두 분이 만날 수 있게 해 주었다. 그러면 또 다른 삼촌 한 분은 병원에서 밤샘 지킴을 해 주었다. 나는 그 때 목재소에서 아르바이트를 하고 있었다. 며칠이 지나고 나서부터는 나도 밤 샘 지킴이를 자청하고 나섰다. 대학에 들어가기 전 몇 주 동안, 삶과 죽음, 죽어감, 그리고 죽음 그 너머의 세계에 대하여 공부하는 계기가 된 셈이다.

목재소에서 일이 끝나면, 나는 집으로 가서 저녁을 먹고, 약간 잠을 자고, 샤워를 한 후 곧장 병원으로 향했다. 보통 내가 병원에 도착하면 밤 10시가 되었다. 할아버지는 낮에는 될 수 있는 대로 낮잠을 주무시고, 밤에 내가 도착하면 거의 밤을 새워가며 이야기 하셨다.

평상시에는 거의 말씀이 없으셨던 분인데, 내가 병원에 있을 때면 매우 예외적으로 몇 시간씩이나 말씀하셨다. 우리들은 많은 옛이야기들을 했다. 특히 낚시에 관해서 많은 이야기를 나누었다. 할아버지와 나는 마치 탁구를 치듯, 서로 이야기를 주고 받으며 때론 과거로, 또 때론 현재로 왔다 갔다 했다.

파피는 당신이 죽어가고 있다는 사실을 알고 계셨다. 나는 할아버지의 죽음이 두려웠다.

우리 두 사람은 모두 죽음에 직면해 있었던 것이다. 그 긴 밤 시간 동안, 할아버지는 자신의 슬픔에 대하여 이야기 해 주셨다. 파피가 겨우 열네 살 때, 할아버지의 아버지는 철도사고로 돌아가셨다고 했다. 열여덟 살 때는 오랜 병환으로 앓고 계시던 할아버지가 저 세상으로 떠나셨다고 했다.

할아버지는 이렇게 말씀하셨다.

"컬크야, 우리 모두는 이걸 피할 수 없는 거야. 죽는다는 건 또 다른 삶이기도 하지. 우리는 죽음을 두려워 할 필요가 없어. 왜냐하면 죽음 이후에는 더 즐겁고 멋진 삶이 오랫동안 지속되거든. 그건 우리가 지금까지 경험해 보지 못한 아주 멋진 삶이지."

할아버지는 힘이 없는 눈동자로 나를 올려다보며 계속 말씀하셨다.

"내 삶은 얼마 남지 않았어. 지금까지의 삶은 그런대로 괜찮았지."

사우스캐럴라이나의 그린빌에 있는 풀먼 대학교에 등록하러 떠나기 바로 전날에도, 나는 할아버지와 함께 밤새 같이 지냈다. 잠은 거의 자지 않았지만 이야기도 별로 하지않았다. 대신 기도를 많이 했다. 우리는 두 손을 서로 맞잡고 함께 기도했다. 나는 할아버지를 위해서, 할아버지는 나를 위해서. 할아버지는 훨씬 더 약해지셨다. 나는 흘러내리는 눈물과 싸우면서 할아버지를 꼭 끌어안고 말했다.

"파피, 사랑해."

"그래, 나도 너를 사랑한단다."

그건 내가 할아버지와 함께 한 마지막 순간이었다.

할아버지의 부음 소식을 접한 때는 내가 풀먼대학교에 들어간 지 꼭 3주가 되는 어느 월요일 밤이었다. 내가 집에 도착해 보니 모든 식구들이 다 모여 있었다. 삼촌들이 그간의 경과를 이야기 해 주셨다. 내가 풀먼 대학교로 떠난 후, 할아버지는 버기스 박사에게 집으로 보내 달라고 부탁했다고 한다.

"나는 여기서 나가고 싶어."

"왜 그렇게 서두르세요, 니일리 영감님?"

버기스 박사가 물었다.

"다른 데서 죽는 사람들보다 병원에서 죽는 사람들이 훨씬 더 많아. 그러니까 병원은 안전한 장소가 아니야. 난 집에 가고 싶어."

할아버지는 그렇게 해서 내가 떠난 후 불과 며칠 만에 집으로 돌아 오셨다고 했다. 죽음이 임박해 오자, 모든 가족들이 다 모였다. 자녀들과 손자 손녀들에게 둘러싸여서, 할아버지는 말씀하셨다.

"나를 좀 일으켜 다오."

아들들이 할아버지를 부축해서 앉게 해 드렸다. 그러자 할아버지는 당신이 평소에 좋아하시던 찬송을 조금 불렀다.

"주여 여기 내가 있사오니…."

그리고 곧 숨을 거두시고 고향 땅으로 떠나셨다. 아주 영원한 나라에 있는 고향으로.

나의 할아버지는, 다른 어떤 사람들보다도 더 하나님에 대해서 많이 가르쳐 주셨다. 그리고 내게 언제나 이렇게 말씀하셨다.

"기독교인은 죽음을 두려워 할 필요가 없단다."

할아버지께서는 죽음과 죽어감이란 그저 삶의 한 과정일 뿐이라고 가르치셨다. 할아버지의 철학은, 슬픔이란 우리가 언젠가는 경험하게 될 죽음에 부수적으로 따라오는 일부분일 뿐이라는 것이었다.

그로부터 5년 후에 나는 신학교에 들어갔다. 신학생 시절에 나에게 많은 영향을 주고 또 멘토로서 내가 존경했던 분은 웨인 오츠 박사로, 그는 켄터키 주 루이스빌에 있는 남침례신학교의 목회상담 교수였다. 나는 그 분을 무척이나 존경했는데, 그 이유는 오츠 박사가 크리스천으로서의 지혜를 갖추었을 뿐 아니라, 목회 철학이 분명했고, 따뜻한 마음을 가지셨으며, 그리고 매우 상식적인 분이었기 때문이었다. 그는 일상사를 예로 들면서 쉬운 강의를 하는 것으로도 유명했는데, 언제나 그의 강의에는 유머가 있었고 재치가 넘쳐흘렀다. 그는 사도 바울의 편지 중 고린도후서 3장 3절을 예로 들면서 내게 성경을 활자로만 보지 말고 그 속에서 하나님의 마음, 인간의 마음을 읽으라고 충고하셨다.

오츠 박사는 나에게 린더맨 박사의 활동에 관하여도 자세히 가르쳐 주었다. 린더맨 박사는 심리치료사로 1942년에 보스턴에서 코코넛 그로브 나이트 크럽 대화재 사건이 났을 때 493명의 사망자 가족들을 위로해 주었던 분이다.

수천 명에 달하는 사람들이 죽은 자들의 신원을 확인하려고 메사추세츠 종합병원으로 몰려들었다. 병원은 그야말로아비규환(阿鼻叫喚)으로 뒤덮인 지옥을 방불케 했다. 병원의 의사들은 침착하게 움직이며 간호사, 행정요원, 그리고 도우미들을 적절하게 배치하고 유가족들을 인도했다. 린더맨 박사는 당시의 상담일지를 잘 정리하여 《극심한 슬픔의 증후군과 그 이해》라는 책을 만들었는데, 그 책은 두고두고 많은 후학들에게 슬픔치료의 과정을 이해하는데 좋은 길잡이가 되어 주었다.

지난 수십 년간, 나는 때로는 목사로 또 때로는 상담사로 활동하며 지냈다. 병원에서 환자나 가족들을 상담하며 일하기도 했고, 학교에서 어린이 상담을 맡아 일하기도 했다. 여러 경험을 거치면서 나는 슬픔이란 크리스천들의 순례의 한 과정이라고 생각하게 되었다. 조만간 우리 모두는 죽음의 골짜기를 여행해야 할 것이다. 이 여행에서 우리 모두는 같은 여행객들일 뿐이다. 때때로 우리가 지고있는 슬픔의 짐을 동료 여행객들에게 덜어줄 수도 있겠지만.

십대 때의 슬픔

어른들의 눈에 비치는 십대들의 행동은 마치 산꼭대기에 있는 것처럼 위태롭게 보이기도하고, 강렬하기도 하며, 또 때론 멜로드라마를 보는 것처럼 감상적으로도 보여 지기도 한다. 이런 행동양식은, 간단히 말하면, 경험의 부족으로 인해서 생기는 현상이다.

나는 목회생활 초기에 켄터키 주의 루이스 빌에 있는 '옴스비 치료센터'라는 비행청소년 치료기관에서 목사 겸 상담사로 근무한 적이 있었다. 거기에는 내가 특별히 돌보던 15살 먹은 소녀가 있었다. 그 아이의 어머니는 교통사고로 죽었다. 어머니와 함께 살 때에도 그녀는 어머니와 몇 년간을 떨어져 살았다. 그녀의 어머니는 그 아이 뿐만이 아니라 다른 자녀들까지도 모두 버리고 혼자 살았던 것이다. 당시 그 소녀는, 자기도 다른 가족들처럼 모두가 함께 모여서 살았으면 얼마나 좋았을까 하고 말하곤 했다.

어느 날, 소녀가 다니고 있던 학교의 젊은 목사는 지역 커뮤니티 복지과 직원으로부터 어머니의 사망 소식을 아이에게 전해주라고 요청받았다. 그는 그 소식이 어린 아이에게 줄 충격을 생각하며 어떻게 그 말을 해야 할까 하고 고민했다. 내가 아는 그 목사는 매우 깨끗하고 착하고 애정이 많은 청년이었다. 그 소식을 접한 어린 소녀는 매우 공격적인 태도로 돌변하며 아주 특이한 반응을 보였다. 그녀는 당황해 하는 목사의 가슴을 주먹으로 쾅쾅 치면서 이렇게 말하는 것이었다.

"살려 내, 살려 내, 살려 내란 말이야!"

목사는 어린 소녀의 양 손을 꼭 움켜 쥔 채 진지하게 물었다.

“그래, 내가 어떻게 해주면 되겠니?”

“목사님은 이런 경험 처음이시죠, 그렇죠?”

“그래, 그건 너도 마찬가지 아니야? 우리 잠시 마음을 진정시키고 생각해 보자꾸나. 앞으로 어떻게 해야 할지 말이다.”

거의 미친 지경까지 날뛰던 소녀를 겨우 달랜 목사는 그 후 이곳저곳의 도움을 받아 그 죽은 여인의 장례식을 잘 치러 주었다. 그 일로 인하여 젊은 목사는 그 어린 소녀의 후견인이 되었다. 소녀와 목사 모두 처음으로 접한 슬픔의 과정을 어느 정도 이해하게 된 것이었다.

깨어진 꿈, 또는 우상의 몰락

깨어진 꿈으로 인한 슬픔은, 비록 인생 전반에 나타나긴 하지만, 사춘기 시절에 겪는 슬픔 중에서도 아주 독특한 것이다. 매년 3월이 되면 고등학교 야구는 켄터키 주를 흥분의 도가니로 몰아넣는다. 16개 팀이 토너먼트로 경쟁하는 아돌프 러프 야구장에는 23,000석이 빈자리가 없을 정도로 그 열기가 뜨겁다. 5일 동안 16개 팀은 15개의 경기를 치르며 그 해의 챔피언을 결정짓는다. 이 때 만큼은 고등학교 야구가 켄터키 전 지역을 미식축구나 농구경기가 있을 때 보다도 훨씬 더 뜨겁게 달군다.

매년, 시골의 작은 마을에서 올라온 팀이 예상을 뒤엎고 토너먼트의 4강까지 올라가는 이변을 연출하곤 한다. 선수들 중에는 켄터키 서부의 농촌 마을에서 올라 온 학생들도 있고 동부에서 온 광부들의 자녀들도 있다. 그들은 자기네 동네의 전체 인구보다도 더 많은 관중들 앞에서 경기를 벌인다. 어린 선수들은 누구나 자기네 팀이 챔피언이 되어서 금의환향(錦衣還鄕)하는 꿈을 꾸고 올라오지만 현실적으로 신데렐라가 탄생하기는 매우 어렵다.

처음 이틀 동안에 8개의 게임이 벌어지게 되며 그 중에서 8개 팀이 탈락하게 된다. 많은 선수들은 눈물을 흘리며 고향으로 돌아가는데, 그들의 가슴 속엔 저마다 '깨어진 꿈' 이란 슬픔을 안고 가기 마련이다.

십대에 있어서 자기가 좋아하던 영웅, 또는 우상의 추락은 또 다른 슬픈 경험이다. 지금까지의 세계 권투경기 역사상 가장 박진감 넘쳤던 경기는 아마도 1971년에 있었던 무하마드 알리와 조 프레이저의 경기였을 것이다. 당시 그 경기는 ‘세기의 대결’이라고 부를 정도로 온 세계 사람들의 관심을 집중시켰다. 그 경기가 관심을 끈 이유는 두 선수가 모두 한 번도 패한 적이 없는 전 헤비급챔피언과 현 헤비급챔피언이었다는 사실에 있었을 것이다.

이 경기가 벌어질 당시, 나는 아직도 옴스비 마을의 요양센터에서 목사로 봉직하고 있었다. 이 시설에 보호된 대다수의 청소년들은 루이스빌 출신들이었는데, 그 곳은 바로 무하마드 알리의 고향이었다.

1967년에 군대에서 온 모병제의를 거절하면서, 알리는 헤비급 챔피언벨트를 자진반납 해야만 했다. 그러나 자신이 링 위에서 챔피언벨트를 잃은 것이 아니기 때문에, 알리는 자신을 ‘국민의 챔피언’이라고 떠벌리며 다녔다. 조 프레이저와의 경기를 치르기 바로 직전까지, 알리의 전적은 31전 31승, 그 중에 23 KO 승이었다.

알리의 공백기인 1970년에, 프레이저는 당시 챔피언이던 지미 엘리스를 물리치고 챔피언벨트를 거머쥐었다. 당시까지 프레이저의 전적 또한 26전 전승에 23 KO 승으로 화려하기 비길 데 없었다. 알리는 아직도 많은 지역에서 경멸당하고 있었다. 많은 사람들은 그를 반전 운동의 선두에 서서 반항하는, 성격이 괴팍하고 못된 징병기피 무슬림으로 낙인찍어놓고 있었다. 반면에, 프레이저는 성경을 즐겨읽으며 성경의 시편을 암송하는 취미를 가졌는데, 많은 사람들은 그를 가리켜 ‘의식이 있는 흑인 챔피언’이라고 평하곤 했다.

옴스비 마을의 10대들에게 있어서 알리는 그야말로 우상 그 자체였다. 그들이 말하기를, 챔프는 자기네 이웃에서 자란 사람이며, 자기 자신이 가야할 길을 가기 위해 싸우고 있을 뿐이라고 믿고 있었다. 알리는 루이스 빌의 모든 청소년들의 선망의 대상이었다. 그는 지금껏 한 번도 진적이 없기 때문에, 젊은이들의 생각에는 프레이저가 도저히 알리를 이길 수 없을 거라고 굳게 믿고 있었다.

비록 알리가 프레이저와 치룬 그 다음 두 경기를 연속해서 이기기는 했지만, 알리는 프레이저와의 첫 번째 경기에서 그만 패하고 말았다. 알리는 프레이저의 야심찬 레프트 훅을 맞고 두 번이나 다운을 당해야 했다. 1971년 3월의 이 세기적인 대결을, 그날 밤에 300만 명이 넘는 사람들이 TV를 시청한 것으로 알려졌다. 나도 이 경기를 교회에서 보았는데 당시 TV가 있던 방은 아이들로 꽉 차서 발 디딜 틈조차 없었다. 나는 청소년들이 자기들의 우상이 무참히 쓰러지는 광경을 보고 반응하는 모습을 생생히 지켜볼 수 있었다.

그 이벤트가 있기 두주일 전에, 아버지가 자살한 한 소년이 있었다. 그 소년은 아버지가 죽었다는 소식에도 눈물 한 방울 흘리지 않았다. 그러나 이날 밤 경기에서 알리의 패배가 선언되자, 그 소년은 흐느끼며 울었다. 그 방에 있던 다른 모든 청소년들도 마찬가지였다. 그들의 우상이 쓰러진 것이었다.

유명 연예인들이나 우상들의 삶에서 일어나는 변화는 곧바로 십대들에게 영향을준다.

십대들은 그들을 따라서 웃기도 하며 울기도 한다. 운동선생이 다른 경쟁학교의 코치로 간다거나, 젊은 목사가 다른 교회로 옮겨 간다거나, 젊고 예쁜 음악선생이 결혼을 발표한다거나, 날마다 보던 이웃집의 학생이 어느

날 갑자기 안 보인다거나 하는 이런 일들은 모든 십대들에게 큰 충격을 준
다. 그리고 그 충격은 상당한 기간 동안 그들의 가슴 속에 슬픈 추억으로 자
리 잡게 된다.

연애에서의 실패

사랑으로 인한 슬픔은 다른 그 어느 슬픔 못지않게 십대들에게 있어서 충격적이다. 어른들은 십대들의 사랑을 '강아지 사랑' 이라고 종종 평가절하며. "이번 주말쯤이면 다른 좋은 친구를 또 만날 거야."라고 하면서 그들을 건성으로 위로하곤 한다.

십대들의 사랑은 더 나이가 먹은 청년들의 사랑만큼 깊이가 없는 단지 열정으로만 가득 찬 것은 사실이다. 그리고 그들은 곧바로 다른 재미있는 일이 있으면 언제 그런 일이 있었느냐는 듯, 그 새로운 일에 빠져드는 것 또한 사실이다. 그렇긴 하지만, 그들의 상처와 고통은 훨씬 더 심각한 게 엄연한 사실이다.

러브스토리들은 때때로 비극적으로 끝나기도 하는데 그 이유는 어른들이 그들의 사랑에 진정성을 인정하지 않기 때문이다. '로미오와 줄리엣' 이나 '웨스트사이드 스토리' 같은 영화들이 그런 현상을 아주 잘 묘사한 작품들이다. 현명한 부모라면 그들의 그런 슬픔을 잘 감지해내고 적절한 치료법을 제시해 준다. 그들은 그 슬픔을 함께 나누어 보려고 하기도 한다. 사랑과 이별로 인한 후유증의 치료에는 시간이 가장 좋은 치료제가 될 수도 있다.

나는 아내 클레어와 함께 아틀란타 공항에 딸을 마중 나갔던 때를 결코 잊을 수가 없다.

딸아이는 그 때 18살 이었는데 루마니아에 선교여행을 다녀오던 길이었다. 그 아이는 우리 교회의 선교팀원들과 함께 그곳을 갔다 왔다. 그들을 모두 만나보니 그들이 이번 여행에서 참으로 좋은 경험을 하고 또 많은 것을 배우고 돌아 왔음을 알 수 있었다. 이 일은 2001년의 9/11 사태가 있기 바로 몇 달 전의 일로, 그 때까지만 하더라도 가족들이 승객들의 도착 게이트 바로 앞까지 접근할 수가 있었다. 베스티는 비행기에서 나오더니 우리 쪽으로 걸어와서는 반가운 키스를 하고 포옹을 했다. 딸의 얼굴을 보는 순간, 나는 그 아이가 조금 전까지도 울고 있었음을 알 수 있었다. 포옹을 마치고 몇 마디 주고받자마자 딸아이는 곧바로 공중전화 박스로 달려가서는 내 국제전화카드로 루마니아로 전화를 하는 것이었다.

"너 누구한테 전화하니?"

내가 물었다.

"제가 곧 결혼할 사람에게 해요!"

깜짝 놀라 아내를 돌아다 봤다. 아내는 빙그레 웃으면서 이렇게 말하는 것이었다.

"누가 알아요? 혹시라도 집에 가는 길에 또 다른 청년을 만날지. 지금 이 순간 하나님께 감사해야 할 일은 아직도 그 청년이 루마니아에 있다는 사실이죠. 최소한 딸아이는 여기 이렇게 돌아 왔잖아요. 그리고 그 청년은 비행기에 타지 않았고요."

차를 몰며 집으로 돌아오는 네 시간 동안, 우리는 그 청년이 이번 미션 팀의 통역으로 일한 청년이라는 사실과, 스물여덟 살이라는 사실을 추가로 알게 되었다. 그는 기타를 아주 잘 친다고 했다. 베스티는 루마니아에 있는 교회에서 그의 부모도 만났다고 했다. 부모들은 모두 딸아이를 사랑했다. 딸아이는 자신이 그 청년을 아주 많이 사랑한다고 자랑스레 말했다. 베스

티는 자기는 그 청년과 이메일을 주고 받으려면 루마니아어를 공부해야만
한다고 했다. 집으로 오는 도중에 우리는 쇼핑 몰의 대형서점 앞에서 차를
세웠다. 거기서 아내는 베스티가 카세트테이프가 함께 들어 있는 책을 고
르는 것을 도와 주었고, 나는 책값을 치러 주었다. 이 장거리 로망스는 그
후 몇 달 동안 계속됐다.

나의 어머니와 아버지는 옛날 속담을 약간 수정해서 내게 이렇게 들려 주
셨다.

"집을 떠나 있으면 사랑하는 감정이 더 많이 생기게 마련이지. 그게 누가
됐건 말이야."

바로 그건 베스티와 그 루마니아 청년의 경우를 두고 한 말이었다. 마침
내 딸아이와 그청년의 이별이 다가오자, 거기에는 약간의 눈물이 있었을
뿐이었다.

학교는 가을에 시작한다. 새 학기의 시작과 함께 새로운 보이 프렌드가
생겨나게 마련이다. 나는 아내의 지혜에 감사한다. 그리고 나도 딸아이의
그런 로망스에 −열여덟살짜리 여자 아이와 스물여덟 살 먹은 청년과의 풋
내기 사랑이었다. − 지나치게 반응하지 않았던 사실에 만족하고 있다. 당시
의 내 후회는 단지 이것이었다. 즉, 베스티의 새로운 남자 친구가 그다지 멀
지 않은 곳에 살고 있다는 사실 말이다. 어쨌든, 지금도 우리 가족은 루마니
아어 테이프와 책을 하나의 상징물로 잘 보관하고 있다. 어려운 일이 있을
때 우리들의 인내심을 키워 주었던 상징물로….

친구의 죽음

십대들에게 있어서 친구의 죽음은 가장 감당하기 어려운 슬픔임에 틀림없다. 샌디와 나는 고등학교 단짝 친구였다. 그와 나는 생물학을 특히 좋아했는데 그래서 우리들은 학교를 졸업하면 의과대학에 가서 의학을 공부하기로 약속했다. 샌디의 아버지는 외과의사셨는데, 우리들이 의학을 공부하려는 것을 알아채시고는 당신이 수술하는 날 옆에서 참관하도록 해 주셨다. 수술 참관 일정은 어느 금요일 아침 시간으로 잡혔다. 샌디의 아버지인 닥터 블랙은 그날 오전에 세 건의 수술이 예약되어 있었다. 세 명의 환자들과 그 가족들은 모두 우리들의 참관에 동의해 주었다. 나는 고등학생이 수술을 지켜보는 게 과연 도움이 될까 하고 의구심을 가졌지만, 결과적으로 우리 모두에게 매우 좋은 경험이 되었다는 걸 나중에야 알게 되었다.

고등학교를 졸업하고 나는 풀먼 대학교에 들어갔고 샌디는 데이빗슨 칼리지에 진학했다.

우리들은 대학 1학년 첫해의 크리스마스 휴가기간에 만나기로 미리 약속해 두었다. 결과적으로 나는 샌디를 다시 만나지 못했다. 그는 크리스마스 휴가를 위해서 집으로 오던 중 차량사고로 인하여 목숨을 잃었던 것이다. 아마도 독자 여러분들은 내가 같은 해 9월에 할아버지를 잃은 일을 기억하고 있을 것이다. 불과 열아홉 살의 나이에, 나는 할아버지를 잃은 슬픔에 더해서, 내가 가장 믿고 의지하던 친구를 잃은 것이다. 그해 겨울은 정말 힘들었다.

십대들은 자기들은 죽지 않는다고 착각하는 경향이 있다. 훈장으로 장식된 멋진 군복을 입은 2차 대전의 참전용사가 이렇게 말했다.

"네가 열여덟 살 때는, 너는 아무것도 두려운 게 없지. 군대에서 십대들을 모집하는 이유 중 하나가 바로, 십대들은 자기들에게 아무 일도 잃어나지 않는다고 착각한다는 사실에 있지. 그렇지만 그런 착각은 오래 계속되지 않게 마련이지. 자네 동료 중 하나가 총에 맞게 되면, 그 때는 정말 전쟁이란 삶과 죽음의 게임이라는 걸 깨닫게 되는 거지."

십대들이 거리를 가로질러 건너가는 중에, 차를 운전하는 중에, 군대에 자원입대하는 중에, 바로 이러한 죽음의 그림자들이 도처에 널려있다는 말이다. 십대에 경험하는 친구의 죽음은 바로 우리들의 이러한 취약함에 눈 뜨게 하는 놀라운 순간이다.

언젠가는 십대들과 한 방에서 밤을 새운 적이 있었다. 그들은 그 전날 교통사고로 죽은 두 명의 친구들의 죽음을 애도하고 있던 중이었다. 그들의 슬픔은 아주 깊었다. 그러나 그 방안 가득하게 자신들도 이렇게 쉽게 죽을 수 있다는 분위기가 자리 잡고 있는 듯 보였다.

거기 있던 한 여자아이가 내게 이렇게 털어 놓았다.

"우리 친구들 중에 어떤 불행한 일이 일어난다면, 그건 여기 있는 우리들 중 아무에게나 일어날 수 있다는 걸 알았어요. 예전까지는 그런 불행한 사고들은 남들에게만 일어나는 일인 줄 알았거든요."

형제자매의 죽음

형제자매의 죽음으로 인한 슬픔은 친구가 죽었을 때 보다도 훨씬 더 깊고 오래간다. 그것은 그야말로 쥐어짜는 고통임에 분명하다. 십대 때 경험한 형제 또는 누이나 여동생의 죽음은 마치 죽음의 신이 가족들의 안전 울타리를 부수고 들어오는 느낌이다. 베스티가 자기 오빠 에릭이 죽고 나서의 심경을 이렇게 토로했다.

"오빠들이 대학을 졸업하고 취직을 하고 결혼을 해서 다른 동네로 이사 가는 것도 견디기 힘든 고통이지요. 그렇지만 아무리 그래도 우리가 원하면 언제든지 만날 수 있잖아요. 그러나 이제 에릭 오빠는 아주 가버렸어요. 내가 하늘나라에 가기 전에는 에릭을 결코 두 번 다시 볼 수가 없지요. 누가 그때까지 기다리고 싶은 사람이 있겠어요?"

베스티는 언제나 오빠들과 즐겁게 지냈다. 남매들 중에 유일한 외동딸이었고 더구나 막내였기에, 베스티는 오빠들의 사랑을 독차지했고 또 티 없이 맑고 밝게 자랐다. 우리 식구들이 모두 모인 자리에서 베스티는 이렇게 말했다.

"형제들 중에 막내가 된다는 건 좋은 점도 많지요. 그러나 진실은 이렇답니다. 나는 오빠들 모두의 장례식에 참석해야 할 거란 말이지요. 그런 생각을 할 때마다 너무나도 슬퍼져요."

스코트랜드의 작가 제임스 배리 경은 여덟 형제 중 일곱째였다. 그가 일곱 살 때, 그의 형이 스케이트를 타다가 사고로 죽고 말았다. 그 일로 어머니는 깊은 슬픔에 빠지게 되었다. 제임스는 어떻게든 어머니를 즐겁게 해 드리고 싶었다. 그래서 죽은 형의 옷을 입고 형이 하던 행동들을 흉내 내곤 했다. 어떤 의미에서 보면, 배리에게 그런 자기의 행동은 마치 죽은 형이 더 이상 자라지 않는 것처럼 보였다. 바로 그 생각이 그에게 《피터 팬》이라는 대작을 쓰게 만드는 영감을 불러일으킨 것이다.

14개월 사이에 세 건의 심각한 죽음을 경험하는 동안, 친구 목사가 내게 큰 위로와 힘을 주었다. 그는 나와 이야기를 나누면서 슬픔의 지혜를 깨우쳐 주었다. 그의 이야기들은 내가 그 슬픔들을 극복하는 데 아주 큰 도움이 되었다.

사춘기나 청소년기의 슬픔을 통해 우리는 여러 가지를 배운다. 그 중 하나는 그런 경험들을 통해서 어른이 되었을 때 맞이하게 될 슬픔에 대비할 수 있는 기초적인 마음가짐을 갖게 해준다는 것이다. 우리들은 기억저장소를 통해서 그런 슬픔들을 흘려보낼 수 있는 능력을 가질 수 있을 뿐 아니라, 그 저장소에서 슬픔을 당한 우리 이웃들을 위로해 줄 수 있는 지혜도 꺼내어 쓸 수 있는 것이다.

제 4 장

상실을 통하여
배우는 슬픔

여러 해 동안 알코올과 마약에 중독됐던 42세의 여성이 폐렴으로 세상을 떠났다. 나는 그 죽은 여인의 장례식에 가서 그녀의 늙은 어머니와 20살 된 딸을 만났다. 비록 늙은 어머니나 젊은 딸 누구도 어머니의 죽음에 놀라하진 않았지만, 그들은 자신들이 깊이 사랑했던 이의 비극적인 죽음을 두고 애도했다. 어머니는, 그녀 역시도 과부였는데, 이번에 두 번째로 딸을 저 세상으로 보내는 것이었다. 그녀는 5년 전에도 이번에 죽은 여인의 동생이었던 젊은 딸을 의처증이 심한 사위의 손에 의해 하늘나라로 보냈던 경험이 있었다.

나는 스무 살 먹은 딸이 자기 어머니의 죽음을 슬퍼하면서 하는 이야기를 들을 수 있었다. 그녀는 할머니의 강인함에 감탄하면서 이렇게 말했다.

"저는 어려서부터 할머니와 살았지요. 만약에 할머니가 계시지 않는다면 전 어떻게 살아가야 할지 앞이 캄캄합니다. 저도 지금껏 여러 명의 죽음을 치렀지만 할머니만큼 많이는 아니지요. 할머니를 통해서 어떻게 슬픔을 이겨내는지를 배우면서 살고 있답니다."

많은 사람들이 이 젊은 여성처럼 두세 가지의 슬픔을 동시에 견디어 나가면서 살아가는 방법을 터득하고 있는 것이다. 그러나 우리들이 사춘기 때나 어린 시절에 아무리 많은 슬픔을 당하였다 하더라도, 어른이 되고 나면 또 다시 배워야 할 새로운 슬픔들이 밀려오는 것이다. 반면에 아주 소수의 사람들은 어려서 슬픔이나 이별을 겪어보지 않고 어른이 되는 경우도 종종 있다. 그렇다 하더라도, 우리 모두는 만남, 이별, 슬픔이라는 일련의 연속적인 파도에 부딪치면서 살아가야 하는 운명임에 틀림없다.

결혼과 이별, 그리고 자녀가 없는 가정의 슬픔

결혼과 이별이라는 단어를 함께 언급하는 것은 마치 낯선 사람과 한 침대에 누워있는 것마냥 어색한 조합으로 보일지도 모른다. 그러나 결혼이라는 행위는 만남과 이별이라는 삶의 수레바퀴에 한 개의 살을 더 붙이는 것과도 같다. 성경의 첫 번째 페이지를 보면, 나중에 예수님과 사도 바울이 언급한 바 있는 결혼이라는 단어를 접하게 된다.

"이러므로 남자가 부모를 떠나 그 아내와 연합하여 둘이 한 몸을 이룰 지로다."

- 창세기 2:24

이 떠나감과 결합함의 과정은 남편과 아내는 물론 그 부모에게 까지도 영향을 미치는 것이다. 신랑과 신부가 그들 주위의 새로운 가족들과 어떻게 관계를 맺느냐가 앞으로 그들이 평생 동안 부부로 살아 가면서의 삶에 마찰과 갈등의 정도를 결정짓게 된다.

오래된 속담, 즉 '딸을 잃었다고 생각하지말고, 새로운 아들을 하나 얻었다고생각하라.' 라는 말은 사실 출가시키는 부모의 슬픔을 위로하는 데는 별로 도움이 되지 않는다. 결혼식이 즐거우면 즐거울수록, 새 신랑신부는 그들뿐만이 아니라 그 가족들 모두도 앞으로의 관계가 틀림없이 변할 것이라는 사실을 잘 알고 있다.

어느 날 자기의 딸을 열렬히 사랑하며 따라다니는 같은 대학의 남자친구를 처음 만난 아버지는 그에게 이렇게 말했다.

"자넨 내 딸을 내게서 빼앗아가려고 음모를 꾸미고 있지, 그렇지 않나?"

이 말은 머지않은 장래에 딸을 잃고 슬픔을 맞이해야 하는 아버지의 고뇌를 단적으로 표현 한 말이었다.

자녀를 갖지 못하고 있는 가정의 슬픔이 어떤 것인지는 누구라도 짐작할 수가 있다. 성경은 실로(Siloah) 사원에서 비탄에 빠져 기도하고 있는 한나를 이렇게 묘사하고 있다.

"한나가 마음이 피로워서 여호와께 기도하고 통곡하며….."

– 사무엘 상 1:10

그녀의 통곡은 오늘날에도 아기를 갖고 싶으나 가질 수 없는 많은 불임여성들의 가슴에 메아리치고 있다.

우리들의 결혼 초기에, 아내 클레어와 나는 빨리 아기를 갖고 싶었다.

2년간이나 간절히 기도했음에도 불구하고 임신이 되지 않자 우리들은 의사를 찾아가서 자문을 구하기로 했다. 여러 가지의 검사를 거친 후에, 의료진들은 아내가 아기를 가질 수 없을 것 같다는 결론에 도달하였다. 그들은 말하기를, 만약에 클레어가 임신을 하게 되면, 예정기일을 다 채우지 못하고 중간에 유산하게 될거란 말도 덧붙였다. 우리들은 그들의 그런 진찰 결과에 아연실색하여 할 말을 잊을 수밖에 없었다.

마냥 슬픔에 잠겨 있을 수만은 없었다. 우리들은 다른 여러 가지의 가능성들을 검토하기 시작했고, 입양을 하는 것이 최선이라는 데에 동의했다. 그 결정에 감사하고 있을 때에, 돌연 하나님의 은혜가 임했다. 클레어가 임신한 것 이었다! 그러나 그 기쁨도 잠시 뿐, 그녀가 임신 3개월이 되었을 때, 유산을 하고 말았다. 우리의 슬픔은 말로 할 수 없이 컸다. 그러나 아내가 임신을 할 수 있다는 사실은 우리 두 사람을 고무시키기에 충분했다.

한 6개월 정도가 지났을까? 아내는 또다시 임신을 했다. 이번에는 전보다 훨씬 더 오래 지속되었으며, 심지어 아기가 뱃속에서 뛰는 것까지도 느낄 수 있었다. 그러나 두번째도 역시 유산으로 끝나고 말았다. 연속된 유산으로 인해서 아내는 초주검 상태에 빠져 버렸다.

그녀의 정신 상태는 그야말로 황폐화되고 만 것이었다. 나는 지금도 당시 그녀가 울부짖으며 나에게 용서를 구하던 장면을 결코 잊을 수가 없다. 아내가 무엇을 잘못했다고 내게 잘못을 빌어야 한단 말인가?

나는 하나님의 공평치 못하심에 화가 났다. 하늘을 향해 주먹질을 해댔다. 어느 날 아내의 절친한 친구가 아내를 위로하러 찾아왔다. 나는 집을 나와 숲속을 거닐면서 하늘을 향해 큰 소리로 외쳐댔다.

"하나님, 난 정말 이해할 수가 없어요. 이 세상의 많은 사람들은, 심지어 자녀를 원하지 않는 사람조차도, 마치 토끼마냥 자식들을 잘만 낳는데, 왜 제겐 자녀를 주지 않으시는 겁니까? 왜 우리들은 아이를 낳으면 안 된단 말입니까?"

외침 뒤에 찾아오는 건 고요한 적막뿐이었다. 나무 사이를 스쳐 지나가는 바람소리 이외에 다른 어떤 소리도 들리지 않았다. 흔들리는 나뭇가지들 말고는 아무것도 보이지 않았다. 바로 그때, 미세한 음성이 들릴 듯 말 듯 내 귓가를 스쳐 지나갔다. 그것은 어쩌면 내 가슴 속에서 울려 나오는 음성인지도 몰랐다.

"컬크야, 네가 슬픔을 어떻게 다스리는지도 모르면서 어떻게 아버지가 되려고 하느냐?"

그 질문은 나를 깜짝 놀라게 했다. 나는 잠시 멍하니 서서 내 자신을 돌아보았다.

우리의 영적인 아버지이신 하나님도 아버지가 되는 고통을 겪으셨다!

이 때 깨달은 통찰력은 나에게 큰 감명을 주었으며, 그 이후 내 인생 내내 나의 신학과 목회 사상에도 큰 영향을 끼쳤다. 예수님의 십자가상에서 죽으신 사건에 대한 나의 이해는 한결 더 깊어졌다. 나와 하나님과의 관계도 훨씬 더 넓어졌다. 내가 하나님의 자녀라고 말은 하면서도, 얼마나 자주 하나님의 고통을 이해하려고 노력했을까?

클레어와 나는 더 적극적으로 입양을 알아보기 시작했다. 우리들은 입양에 필요한 모든 서류작업을 다 마쳤고 가정 방문도 몇 차례 받았다. 우리들이 입양하기로 한 아기를 받기 6주쯤 전에, 아내가 세 번째 임신을 한 사실을 확인하게 되었다. 이 일을 놓고 오랫동안 기도하고 의논에 의논을 거듭한 후에, 우리들은 입양절차를 포기하기로 결정하였다.

우리들은 어린 아기 두 명을 몇 개월 간격으로 갖게 된다는 게 별로 현명하지 않다는 데에 의견의 일치를 보았다. 그러한 결정을 내리기까지, 그리고 그 후에도 계속하여, 우리들은 말로 표현할 수 없는 고통과 두려움을 감당해야만 했다.

1970년 크리스마스에 마침내 첫 번째 아기가 태어났다!

만남과 헤어짐의 연속 – 부모의 역할

부모의 역할을 하다보면 수없이 많은 만남과 헤어짐을 경험하게 된다. 어린 아기들은 전적으로 부모에게 의존한다. 반면에 성년이 된 아이들은 부모로부터 독립하려고 몸부림친다.

이 사이의 기간을 흔히들 성장시기라고 부르는데, 이 시기에 겪는 하나 하나의 경험들을 통하여 아이들은 조금씩 성장하게 되며, 또 이 시기에 입학과 졸업 같은 과정들을 통하여 수없이 많은 만남과 이별을 경험하게 된다. 결과적으로 이 시기는 슬픔을 배워나가는 과정이라 할 수 있다.

엉금엉금 기던 아이가 어느 날 커피 테이블을 붙잡고 일어서게 되면서, 자기 자신의 힘으로 설 수 있다는 사실을 알게 되고, 또 자기의 눈높이에서 새로운 세상을 보게 되는 것이다. 이때가 되면 부모들은 새로운 장난감들을 사주어야 하겠다는 생각을 갖게 된다.

지금 생각해보면 어머니가 접시물 위에 예쁜 색깔의 과자들을 띄워서 내게 보여주었던 기억이 난다. 그러면 나는 그 중에서 제일 좋아하는 색깔의 과자를 차례로 골라먹곤 했다. 그 이후로 나는 여러 가지 색깔의 꽃들을 좋아하게 되었다.

아이가 자전거타기를 배울 때쯤이면 부모는아이의 독립심에 대해서 생각해 보아야 할 때이다. 아이들은 그런 행동으로 인하여 성취감과 자부심을 느끼지만 한 편으로는 두려움도 갖게 마련이다. 학교에 첫 입학을 하게 되면, 엄마는 아이를 선생님의 손에 맡기게 된다.

이제는 자기와 함께 하는 시간보다는 선생님과 친구들과 함께 하는 시간이 더 많으리라는 것을 쉽게 짐작할 수 있다. 매주 월요일 아침 아이들을 학교에 내려 주고 엄마들은 우리 교회에 모여서 아이들과 선생님들을 위해 기도했다.

아이들이 더 독립적이 된다는 말은 부모가 덜 통제한다는 의미이며, 그 말은 또 아이들이 더 많은 위험에 노출된다는 의미이기도 하다. 어린아이 때 자전거타기를 배운다는 것은 청소년이 되면 자동차를 운전하게 된다는 말의 전주곡이기도 하다. 초등학교에 떨어뜨리고 오는 행동은 대학생이 되면 기숙사에서 떨어져 생활하는 기숙사 생활의 예행연습이기도 하다. 지난 10년 동안 사우스 캐롤라이나의 스파르탄 버그에 있는 워포드 대학에서는 오리엔테이션 기간에 나를 초청하여 1학년 학부모들에게 오리엔테이션을 하도록 했다. 나를 초청한 목적은 이제 막 자녀들과 떨어져 살게 될 부모들에게 위로를 주자는 취지에서였다.

즉, 슬픔극복 훈련을 미리 받도록 하자는 의도였다.

자식이 군에 입대하는 경우의 슬픔은 또 어떠한가? 물론 군대에서의 봉사는 슬픔을 동반한다. 나는 최근에 아주 큰 결혼식의 주례를 맡은 적이 있다. 주례사에서 나는 많은 하객들이 미처 알지 못하는 사실을 공개했다. 즉, 그들이 실은 지난 15개월 동안 이미 동거하며 살고 있었다는 사실 말이다. 그들은 내일이면 이라크로 떠나갈 신랑을 위해 이 결혼식을 최대한 성대하게 거행하고 싶다고 했다. 남부 조지아의 많은 하객들이 그 젊은이의 용기에 박수갈채를 보냈다. 나는 하객들에게 이와 유사한 예식은 과거에 제2차 세계대전이나, 한국전쟁, 또는 베트남전쟁 당시에도 많이 거행되었다고 설명했다. 오늘 이 결혼식은 하나님께서 이미 이 두 젊은이들에게 축복해주신 지금까지의 삶을 다시 한 번 확인하는 예식이며, 그의 신성한 나라사랑의 정신을 우리 모두가 소중하게 생각하며, 그를 전장으로 떠나보내는 자리라고 말해 주었다.

군대에 가는 아들이나 딸에게 작별인사를 하는 부모의 심정은 착잡하기 그지없다. 특별히 그것이 전쟁 기간 중인 경우는 그런 감정은 한층 더 높아지며 혹여 있을지도 모르는 비극에 대한 우려로 변하기도 한다.

클레어와 나는 할아버지께서 1937년 미국 대공황의 후반기 때 지은 집에서 계속 살고 있다. 우리 집에는 작은 방이 하나 있는데 할머니는 그 방을 기도실이라고 이름 붙였다고 했다. 아버지는 내게 당신들의 조부모님에 대한 이야기를 자주 해 주셨다. 밤마다 할머니와 할아버지는 그 방에 들어가서서 성경을 읽고 기도를 하셨다고 한다. 조부모님께서는 아들을 여럿 두셨는데 첫째 아들은 2차 대전 때 노르망디에 상륙했고, 둘째 아들은 베를린에 폭격할 때 폭격기에 탑승했으며, 셋째 아들은 태평양전쟁에 참가하였다. 사위는 독일군에게 포로가 되어 포로수용소에서 지내다가 나중에 전쟁이 끝나서 귀환하기도 했다. 그래서 우리들은 그 기도실의 의미를 누구보다도 잘 이해하고 있었다.

보금자리가 비었다는 말은 시간의 경과란 말의 또 다른 표현이다. 아내 클레어와 나는 우리들의 보금자리가 비게 되면 우리들은 다시 한 번 기쁜 감정으로 충만할 것이라고 자주 얘기 했었다. 자녀들을 그들만의 궤도 위에 올려 보내준다는 것은 마치 우주선을 발사하는 일과도 같다. 그것은 매우 힘든 일이며 비용 또한 만만치 않다. 만약 궤도상에서 무슨 문제가 생긴 다면, 항상 서로 소통할 수 있도록 만반의 준비를 갖추어 놓는 게 중요하다. 그러나 결국 쏘아 올린 우주선은 제 궤도를 순항할 것이다. 집안이 갑자기 조용하고 그들의 방에서 더 이상 시끄러운 음악소리가 들리지 않을 때는 잠시 슬픔에 싸이게도 마련이다. 그러나 출가한 자녀들이 잘 살아간다면 그 일시적인 부모의 슬픔은 곧바로 기쁨으로 변하는 것이다.

세 명의 딸을 둔 어느 아버지가 이렇게 말했다.

"우리 보금자리는 오랫동안 비어있는 일이 없단 말이지. 어떤 이유에서 건, 딸들이 찾아오게 마련이지. 마치 새가 부드러운 장소를 찾아서 앉듯이 말이야. 그리고 딸아이들이 돌아오면, 그들은 혼자 오는 법이 없지. 꼭 남편 이나 꼬마들을 데리고 오거든."

둥지가 비어 있다는 말은 우리들이 인생에서 큰 일을 마쳤다는 표시이기 도 하다. 그것은 외로움이라는 측면에서 보면 슬픔이 될 수도 있지만, 또 다 른 면에서 보면 자녀들을 훌륭히 키워 냈다는 만족감의 상징이기도 하다.

어린 아이의 죽음

　　어린 아이의 죽음은 그 주변 사람들에게 엄청난 슬픔을 안겨다 주는 사건이다. 나는 언제든지 1984년 12월을 생각할 때면 그 때가 나의 목회 사역기간 중에 가장 어려웠던 시기였다고 회상하곤 한다. 불과 3주라는 짧은시간 안에, 나는 사랑하는 아이들을 잃어버린 세 가족의 각기 다른 무덤 앞에 서서 장례식을 인도했다. 작은 관이 땅 속에 묻히는 장면은 그 부모나 할아버지와 할머니의 가슴은 물론, 함께 한 모든 형제, 친척, 친구들의 가슴을 후벼 파 놓았다.

　　어린아이의 죽음은 때때로 '때 이른 죽음' 이라고 일컬어지곤 한다. 그 죽음이 갑작스러운 것이건, 또는 오랜 병으로 인하여 예상됐던 것이건, 어린 아이의 죽음은 그 가족들을 절망의 구렁텅이로 빠뜨리는 사건임에 틀림없다. 어린 자녀가 죽게 되면, 그 부모는 단지 자기들의 아들이나 딸이 죽었다는 감정을 뛰어 넘어서 마치 삶의 일부분이 떨어져 나간 듯한 슬픔에 쌓이게 된다. 자녀를 먼저 떠나보낸 부모로서, 어쩌면 이런 감정에 빠지게 되는 것은 당연한 일인지도 모른다.

　　이때, 젊은 부부의 결혼생활도 파경에 이르게 되는 경우가 아주 흔하다. 남자와 여자는 슬픔을 느끼는 방식이 약간 다르다. 그런데서 오는 오해가 가끔 큰 결과를 불러 오기도한다. 아이를 잃고서도 자기 일에 몰두하는 남편을 보면, 아내는 자기 남편이 평소에 아이를 사랑하지 않았다고 생각하게 된다. 때때로 자녀의 상실 뒤에 파경에 이르는 부부들을 보게 되면 그들은 바로 이런 이유 때문에 상대방을 비난하게 되고, 그것이 더욱 악화되어

걷잡을 수 없는 결과로 발전되는 것이다. 자녀의 상실 이후에 배우자를 비난하거나 또는 자기도취적인 슬픔에 잠겨있는 것은 아무에게도 도움이 되지 않는다. 어린 자녀를 잃고 난 후의 이혼율이 아주 높다는 것을 생각할 때에, 우리는 특히 이 어려운 시기를 서로 잘 협조하여 극복해 나가려는 협동 정신이 필요하다.

아들 에릭이 죽고 나서, 아내와 나는 어떤 일이 있어도 우리의 결혼생활만큼은 잘 지켜나가기로 약속했다. 우리 부부에게는 서로를 신뢰하는 확고한 믿음이 있었다. 언제나 우리들은 좋은 친구였다. 나는 다른 부부에게도 이렇게 좋은 부부관계를 유지하기를 적극 권고한다. 서로가 상대방을 헐뜯는다거나 상처를 주는 일은 적극적으로 피해야 한다. 아이의 상실로 인한 슬픔 뒤에 오는 위기를 잘 극복하는 세 가지의 핵심 열쇠를 말하라면, 나는 다음 세 가지의 행동 요령을 추천할 것이다.

(1) 서로에게 말 못할 일은 아무것도 없다는 분명한 의사소통.
(2) 서로가 상대방을 사랑하고 있다는 확실한 말과 행동.
(3) 기도를 통한 하나님과의 소통에 바탕을 둔 결혼관.

별거와 이혼

별거와 이혼도 우리들이 살아가면서 슬픔에 대하여 배울 수 있는 삶의 경험들이다. 가히 미국 가정의 위기라고까지 일컬어지던 이런 환경에 거의 모든 가정들이 아마도 직접 또는 간접적으로 노출되어 본 경험이 있을 것이다. 그것을 간단히 말하면, 결혼의 파괴로부터 오는 상처라고 정의할 수 있을 것이다. 서로 얼마나 뜨겁게 사랑하건 또는 극도로 증오하건, 서로 간에 합의에 의한 것이건 또는 아니건, 결혼생활이 오래됐건 또는 신혼이건 간에, 별거나 이혼이란 고통스러운 일임에 분명하다. 결혼의 실패로 인하여 찾아오는 상처는 여러 해 동안 지속된다. 죽음이 찾아오면 거기엔 종말이란 것이 있고 장례식이 있기 마련이지만, 별거나 이혼의 경우에는 그런 종말도 없다. 어떤 이혼녀가 내게 이런 말을 한 적이 있다.

"옆에 시체가 있다면 차라리 난 더 좋겠어요. 나의 전 남편은 지금도 내 삶에서 주위를 어슬렁거리며 나를 괴롭히고 있답니다."

배우자의 부정이 얽힌 이야기라면, 그로인한 상실은 훨씬 더 크고 오랫동안 지속된다.

하나라는 생각이 깨어진 비참한 기분, 자존심의 망가짐, 믿을만한 사람이라고 생각했던 데 대한 배신감과 같은 감정들이 배우자의 부정과 관련되어 나타날 수 있는 상실들이다.

부모의 이혼은 한참 자라나는 어린이들이나 사춘기 청소년들에게는 아주 견디어내기 힘든 슬픔이다. 그들은 부모의 이혼이 마치 자기 자신의 잘못으로 비롯된 것인 양 착각하게 된다. 이혼이나 별거 상태에 있는 부모들은 때때로 자녀들을 상대 진영의 스파이인양 취급하기도 한다. 아이들은 때때로 줄다리기 게임의 한 편에 있는 것 같은 스트레스를 받는다.

육체적으로 학대당하는 경우를 제외하고는, 별거나 이혼은 언제든지 부정적이다. 아이들을 위해서 이혼이 더 좋다는 말은 그냥 하나의 신화로 남게 마련이다.

20여년 전 추수감사절 바로 직전에, 나는 우체국에서 오래된 친구를 만나 그냥 가벼운 말로 몇 마디 나눈 적이 있었다. 나는 그에게 추수감사절 인사를 건넸다.

"추수감사절 잘 지내게나."

"나는 어머니와 아버지께서 다시 재결합하지 않는 한 이번 추수감사절을 잘 지낼 수 없네."

나는 그의 대답에 깜짝 놀라지 않을 수 없었다. 내가 알기로 그는 당시 사십대 후반이었고 그의 부모님이 이혼하신 것도 벌써 20년전의 일이었기 때문이었다. 내 기억이 틀리지 않는다면, 그의 부모는 그 친구가 대학생일 때 이혼에 완전히 합의했던 것이다. 그의 아버지는 다른 주로 이사하셨고 곧바로 다른 여자와 재혼하였다. 그의 어머니는 오래된 병으로 계속해서 산소마스크를 쓰고 생활하셔야 했다.

"어떻게 자네 부모님이 다시 결합하실 수 있겠나?"

내가 물었다.

"나도 부모님들이 다시 결합하시는 일은 없을 거라고 생각하지만, 그렇게 되기 전까지는 결코 즐거운 추수감사절을 보낼 수 없어. 바로 이맘때쯤 이혼하셨거든."

이혼의 고통은 자녀에게 평생을 따라다니며 괴롭힌다.

부모의 죽음

　부모의 죽음은 그 자녀에게 굉장히 힘든 고통의 전환점이다. 만약에 부모님이 생전에 아주 적극적이고 활발하게 활동하셨던 분들이었다면, 그래서 삶의 매 순간순간을 즐기셨던 분들이었다면, 그 상실에 따른 고통은 정말 감내하기 힘들다.

　한 여인이 매우 슬퍼하며 나를 찾아온 적이 있었는데, 그 여인의 아버지는 밤에 자던 중에 그만 돌아가시었다.

　"그 때의 내 기분은 마치 큰 벽이 허물어져 내리는 느낌이었어요. 난 지금도 때때로 아빠의 조언을 필요로 하거든요. 함께 있을 때면, 우린 언제나 크게 소리 내어 웃곤 했지요. 뭐 특별히 그렇게 우스운 일이 있었던 것도 아니에요. 그냥 이런저런 세상 일로 즐거워하곤 했죠. 아빠는 그렇게 유머가 넘치는 분이셨지요. 이제 다신 아빠의 그런 웃음소리를 들을 수 없다는 게 너무 서글퍼요."

　어떤 사람이 말하기를 지식과 삶의 지혜가 충만한 노인이 세상을 떠나면, 그건 마치 거대한 도서관이 무너지는 것과도 같다고 했다. 예전에는 그 말의 뜻을 잘 몰랐는데, 이제는 겨우 알 것도 같다. 지식과 지혜의 상실이란 우리들의 이해의 한계를 뛰어넘는 일이다.

　원래 미국 대륙에 살던 아메리칸인디언들은 늙은이들을 '지혜의 창고'라고 불렀다. 그들은 노인들을 세상을 살아가는 상식과 경험에서만 얻을 수 있는 특별한 통찰력을 지닌 인물들로 보았던 것이다.

　돌아가신 부모를 그리워하고 애도하는 마음은 무너진 벽, 또는 불타버린

도서관 앞에 서 있는 심정과도 같은 것이다. 부모와의 이별이라는 사건으로 인해서 그들의 보물창고가 소실되어서는 안 된다. 우리에게는그 소중한 자산을 다음 세대들에게 고스란히 전달해 주어야 할 책임이 있는 것이다.

부모의 죽음이 알츠하이머병과도 같은 만성적인 질병의 결과라면 그것은 축복이 될 수도 있다. 환자에게 질병으로 인한 고통과 슬픔이 사라지고 마침내 하늘나라를 소망하며 편안히 안식할 그 때가 되면, 오히려 그 가족들은 조용히 감사하는 마음이 생기는 것을 느낄 수가 있다. 이런 감정을 결코 입 밖으로 표현할 수는 없지만, 오랜 질병을 옆에서 간호한 가족들이라면, 그런 감정이 그들의 마음속에 깃드는 실체인 것만은 분명하다.

어머니가 뇌졸중에 걸리자, 십대 자녀를 세 명이나 둔 딸은 자기 어머니를 집으로 모셔 와서 함께 살도록 했다. 그로 인한 가족들의 불편과 그 가정의 경제적인 부담은 여간 심한 게 아니었다. 몇 년간의 정성어린 치료에도 불구하고 그 어머니는 더 이상 나아지지 않고 이제 죽을 날만 기다리게 되었다. 어느 날 그녀는 내게 이렇게 고백했다.

"어머니를 어서 빨리 돌아가시라고 소원한다는 건 정말 몹쓸 짓이라는 걸 잘 알지만, 솔직히 말씀드리면 지금 제 심정이 바로 그렇답니다."

나는 이렇게 위로해 주었다.

'천국은 바로 곁에 있습니다. 정말 그렇게 되는 것이 어머니를 위해서도 좋겠군요."

"네, 정말 그래요."

그녀는 대답했다.

"어머니가 하늘나라에 가신다면, 그건 우리 가족들 모두를 위해서도 좋은 일이지요."

우리들은 어머니의 편안한 죽음을 위해서 함께 기도했다. 그리고 한 달이 조금 안돼서 그 어머니는 신부전증으로 세상을 떠났다.

부모가 점점 더 연약해 지면, 그 부모를 부양하고 있는 자식들이 확실하게 자기 의사표현을 하는 게 중요하다. 마음 속 깊이 간직한 이야기들을 하게 되면, 부모의 마음도 한결 더 편안하게 되기 때문이다. 비록 오랜 병석에 누워있는 환자라고는 하지만, 그들은 우리가 어떤 생각을 하는지를 훤히 꿰뚫고 있기 때문이다.

가족 중에 혼자 남겨졌을 때

자기의 가족들이 모두 세상을 떠나고 난 후, 마지막 한 사람이 되었을 때의 기분은 어떨까? 아마도 충분히 슬퍼할 만한 이유가 될 것이다. 나이 먹은 사람들은 자기의 형제자매들이 하나 둘 세상을 떠나게 되면 매우 힘든 시기를 보내야만 한다. 나는 가끔 주위에서 사람들이 이렇게 말하는 걸 들었다.

"젠장, 이제 네 형제 중에서 나만 남았어."

나의 아버지는 아홉 남매 중 하나였다. 지금 현재 네 분은 돌아가셨다. 나는 영광스럽게도, 돌아가신 삼촌들과 고모들의 장례식을 집전하였다. 최근의 장례식 때, 막내 삼촌이 내게 이렇게 말씀하셨다.

"이게 바로 막내의 비극이지. 나는 정말 맨 마지막으로 살아남는 형제가 되고 싶지 않단 말이야."

나는 여덟 남매 중에 제일 맏아들이다. 키티가 제일 막내 여동생이다. 내 딸 베스티 위로는 네 명의 오빠들이 있다. 키티와 베스티가 형제자매들 중에서 제일 막내였기 때문에 사랑을 독차지한 것도 사실이지만, 그들에게도 형제들 중에 맨 마지막으로 살아남는 사람이 되지 않을까 하는 두려움이 있는 것이다. 막내는, 특히 대가족인 경우에는, 그런 감정을 이렇게 표현하곤 한다.

"난 장례식에 참석하고 싶지 않아. 그리고 내가 맨 마지막이 된다는 그런 생각조차도 하기 싫어."

물론, 죽음이라는 게 언제든지 태어난 순서대로 찾아오는 건 아니다. 여

섯 형제 중 두 번째인 90먹은 노인이 -그는 형제들 중 제일 오랜 산 노인인
데- 어느 날 내게 이렇게말했다.

"난 사실 내가 그렇게도 많은 작별인사를 하리라곤 생각하지 못했단 말
이지."

나이든 사람들에게 슬픔이란 자주 찾아오는 불청객이다. 몇 년 전 우리
교회의 장로들이 두주일 동안에 3명의 죽은 교인들의 관을 운구하는, 명예
롭다면 명예로운 일을 맡게 된 적이 있었다. 두 번째 장례식을 마치고 공동
묘지를 떠나려 할 때, 그들 중의 한명이 내게 이렇게 말했다.

"목사님, 다음부터는 우리에게 이런 일 좀 시키지 말아주세요!"

나이든 사람에게 있어서 죽은 사람의 장례식에 참석한다는 것은 힘든 일
임에 틀림없다.

내가 협동목사로 있었을 때, 93세 먹은 할머니가 나에게 전화를 해서 이
렇게 말했다.

"내 장례식을 준비해 주시면 좋겠어요."

나는 이 할머니가 왜 나를 선택해서 자기의 장례준비에 관해 이야기 하고
자 했는지 그 이유를 알 수 없었다. 내가 그녀의 집에 도착해 보니, 그녀의
집은 고가구들과 먼지가 소복하게 쌓인 책들로 가득 차 있었다. 나는 즉각
적으로 그녀가 사람의 방문을 그리워한다는 사실을 알아차렸다. 그녀는 반
짝반짝 빛나는 은제 커피 잔에 은쟁반을 받쳐 들고는 따뜻한 커피와 직접
만든 쿠키를 가져왔다.

우리는 꽤 오랜 시간 동안 여러 가지 주제에 대해서 이야기를 나누었다.
그녀는 상당히 많은 책을 나에게 기증하고 싶어 했다. 그 책들은 대부분 그

녀의 아버지가 소중히 간직해오던 아주 귀중한 책들이었다. 그녀는 내 주일 설교가 참 좋다며 몇몇 설교를 통해서는 아주 은혜를 많이 받았노라고 고백했다. 그녀의 아버지도 목사셨는데, 내 설교 모습이 아버지의 설교 스타일과 너무나도 닮아 있었다는 것이었다. 마침내 그녀의 장례식 문제를 상의할 때가 되었다.

"내 장례식 때 예배를 주관해 주시면 고맙겠어요. 당신의 설교 모습은 너무나도 아버지를 연상시키네요. 장례 예배가 내 아들 딸과 손자 손녀들을 위로해 주는 자리라는 거 잘 알아요. 게다가 당신은 교회 목사들 중에서 지금 제일 젊은 목사 아니에요? 누가 알겠어요. 내가 죽기 전에 다른 목사님들이 모두 먼저 하늘나라로 떠나실지."

나는 그녀의 조크에 크게 소리 내어 웃었다.

그녀는 계속 농담을 했다.

"목사님이 내 장례예배를 주관할 때, 아마도 천국에 있는 내 가족들이나 친구들이 나를 보고 깜짝 놀랄지도 몰라요. 왜냐고요? 나는 그들보다도 훨씬 더 오래 살았거든요. 아마도 그들은 내가 다른 곳을 이곳저곳 구경하며 다니다 온 걸로 생각하겠지요. 내가 마침내 천국에 왔다는 걸 알고는 모두들 놀라 자빠질걸요?"

그녀의 친구들이 모두 다 죽었다는 사실을 생각하면서 나는 이렇게 물었다.

"지금까지 장례식도 많이 참석하셨지요?"

"그럼요. 아마도 목사님이 지금껏 살아온 것보다도 더 오랜 기간일 거예요. 그보다 훨씬 더 긴 기간이죠…."

장소의 상실

장소의 상실도 크나 큰 슬픔임에 틀림없다. 내가 '그래니'라고 불렀던 할머니는 시내 중심가에 있는 2층짜리 큰 저택에 살았다. 그 집은 출입문이 몇 군데나 있었으며 잔디 위 곳곳에는 안락의자가 놓여 있었다. 나는 삼촌들이 안락의자에 앉아서 가족 이야기며 이런저런 세상 돌아가는 이야기하는 것을 종종 들을 수 있었다. 여름밤이면 우리들은 잔딧불이를 잡으며 놀았는데, 특히 어머니와 조카 이렇게 셋이서 발을 맞추며 춤을 추던 기억이 생생하다.

내가 고등학생이었을 때, 나는 학교가 끝나면 할머니 집에 자주 놀러가곤 했다. 할머니가 돌아가시자, 그 집은 비어 있게 되었고 몇 년 지나지 않아 더 이상 수리할 수 없을 정도로 망가져 버렸다. 시 당국에서는 할머니의 집을 재개발사업 예정지로 지정했다.

나와 아버지는 불도저가 그 집을 허물어버리는 것을 지켜보았다. 우리들이 비록 쓸 만한 목재를 일부 회수하긴 했지만, 정들었던 집이 쓰레기더미로 변하는 걸 지켜본다는 건 참으로 가슴 아픈 사건이었다.

30년 전에, 나는 한 심리치료사로부터 요양원에서 심한 정신적 고통에 시달리고 있는 한 할머니를 찾아가 보아 달라는 요청을 받았다. 그녀는 어느 누구에게도 자기 자신의 심리적 고통에 대해서 말하려 하지 않는다는 것이었다. 오랜 침묵이 흐른 뒤, 나는 할머니에게 이렇게 질문했다.

"무엇을 잃으셨나요?"

또다시 오랜 침묵을 깨고 그녀가 입을 열었다.

　"당신은 그들이 어디에다가 큰 쇼핑몰을 짓고 있는지 알아요? 저기 주 경계에 짓는 것 말이에요. 지금 막 콘크리트를 쏟아 붓고 있는 건물 있잖아요. 그건 바로 우리 할아버지의 목장이었다고요. 나는 거기서 야생화를 꺾기도 했고, 큰 참나무 밑에 타이어 그네를 만들어 놓고 그걸 타면서 놀기도 했지요. 난 거기서 자랐어요. 거기에다가 지금 콘크리트를 쏟아 붓고 있다니까요. 그곳은 내 할아버지의 농장이었다니까요."

　수년 전에, 개발업자가 우리 동네에 있는 토드 초등학교를 매입했다. 그 학교는 나의 아버지와 삼촌, 그리고 고모들이 대공황시대에 함께 다녔던 곳이다. 그 학교는 또 나와 나의 동생들이 토드(Todd)가 교장선생님으로 있었을때 다녔던 곳이기도 하다. 그곳이 불도저에 의해서 마구 밀어붙여지고 있다. 그리고 그 위에 파일이 박히고 큰 빌딩을 짓기 위해 콘크리트가 마구 부어지고 있는 것이다. 학교 건물이 허물어질 때, 우리 3대는 모두 함께 슬퍼했다. 아버지와 나의 동생 둘, 그리고 나는 공사 현장을 배회하면서 벽돌이나 몇몇 추억이 될 만한 폐기물들을 주워 왔다. 지금 그것들은 우리 집 정원에 있다. 그것들은 지금은 사라져 가고 없지만, 한 때 우리들에게 매우 소중한 추억이 깃든 학교를 상징하며 지금도 우리 집 정원 여기저기에 있다.

배우자의 상실

결혼 후 함께 행복하게 살던 부부가 그중 아내나 남편을 잃게 된다면 그 슬픔은 가히 다른 어떤 슬픔과도 비교될 수가 없을 것이다. 짝을 잃은 사람은 평생을 울면서 지낼 것임에 틀림없다. 갑작스런 죽음이건 또는 예상되었던 죽음이건 간에, 자기 파트너를 잃었다는 사실은 곧 자기 신체의 일부가 잘려져 나감을 의미한다. 배우자를 잃은 후에 찾아오는 슬픔은 여러 가지 면에서 복합적이라 할 수 있다. 건강이 좋지 않은 노인이 자기가 평생 사랑해 오던 배우자를 잃게 된다면, 그는, 또는 그녀는, 세 가지의 슬픔에 중복적으로 노출된다. 즉, 배우자의 상실에 따른 슬픔, 자신의 건강이 급속도로 나빠지는데 따른 고통, 그리고 장소의 상실과 같은 고통과 슬픔들이다.

나의 아버지와 어머니는 거의 58년을 함께 사셨다. 비록 일찍부터 심장계통에 이상이 있어서 고통을 받아오긴 했지만, 어머니는 심장질환이 아닌 오히려 뇌경색으로 인해서 돌아가셨다. 아버지는 정말 많이 슬퍼하셨다. 80세의 나이에도 불구하고, 아버지는 아침 5시 반이 되면 언제나처럼 목재소에 일하러 나가곤 하셨다.

어머니가 돌아가신 후, 아버지는 밤에 좀처럼 잠을 들지 못하셨다. 어떤 때는 잠에서 깨어나시면 여간해서 다시 잠들지 못하셨다.

"네 엄마가 없는 침대가 유난히 크구나!"

아버지는 그렇게 가끔씩 중얼거리곤 하셨다.

어머니가 돌아가시고 몇 달 쯤 지난 어느날, 아버지와 나와 아내는 함께 늦은 저녁을 먹고 있었다. 식사가 거의 끝나갈 즈음, 내가 말했다.

“저 집사람과 함께 월마트에 가려고 하는데요, 우리들이 뭐 사다드릴 것
이 있나요?”

“아니야, 괜찮다. 난 새벽 일찍 가련다.”

“목재소에 가시기 전에 말씀이에요?”

내가 물었다.

“그래, 월마트는 밤새 여니까.”

“한밤중에 월마트에 가보신 적이 있으세요?”

“내가 새벽에 깨면, 나는 습관적으로 네 엄마 쪽으로 손을 뻗곤 하지. 그
렇지만 거기에 네 엄마는 없는 거야. 그러면 나는 일어나서 샤워를 하지. 그
리고는 월마트를 가서 쇼핑을 하는 거야. 보통 새벽 세시쯤 되지. 쇼핑을 하
고는 와플하우스에서 아침을 먹지. 그리고 일터로 가도 아직 5시 반이 되지
않을 때가 많아.”

어머니가 돌아가셨을 때, 아버지는 엄마가 당신보다 더 먼저 돌아가신
데 대한 놀라움과 충격을 이렇게 표현했다.

“우리는 언제나 우리들의 마지막에 관해서 이야기했지. 내가 먼저 갈 거
라고 말이야. 난 정말 그 사람이 나보다 먼저 갈 줄은 몰랐어.”

아버지가 갖는 유일한 위안은 이런 것이었다. 즉, 어머니가 더 먼저 세상
을 뜨셨기 때문에 당신의 죽음으로 인해서 어머니가 슬퍼하며 여생을 보내
는 일은 없게 되었다는 안도감 말이다.

비록 절대로 재혼은 하지 않겠다고 여러 번 공언하셨지만, 나는 아버지
가 사랑에 빠진 것을 보고도 전혀 놀라지 않았다. 루스는 아버지가 최근 몇
년 동안 사귀어 온 매우 지적인 할머니였다. 그녀는 자기 남편을 오랜 암 투

병 끝에 먼저 하늘나라로 보내고 혼자가 되었다. 어머니가 돌아가시고 3년

이 지난 후에, 아버지와 루스는 결혼했다.

많은 가족들과 친구들이 축하하는 속에 두 분의 결혼식은 성대하게 치러

졌다. 아버지와 루스는 '죽는 날까지 서로 한 몸이 되기로' 서약했다. 그들

은 그 서약의 의미를 잘 알고 있었다. 두 분은 각기 배우자를 잃은 경험이 있

으므로, 상실의 슬픔이 어떤 것이지를 누구보다도 잘 이해하고 계셨다. 아

버지는 이렇게 설명하셨다.

"난 네 엄마를 오랫동안 사랑했지. 그리고 지금도 여전히 사랑하고 있어.

루스도 남편인 레이와 51년간을 서로 사랑하면서 살아왔지. 그리고 지금도

그를 사랑한다고 해. 두 번째 결혼은 다른 거야. 하나님께서는 우리들에게

결혼해서 서로의 상처를 위로해 주라고 명령하셨어. 우린 죽는 날까지 서

로의 슬픔을 위로해 주면서 살게 될 거야."

두 분은 정말 아름다운 관계를 유지하셨고 그래서 지켜보는 주위 사람들

을 흐뭇하게 해 주셨다. 최근에, 아버지와 루스를 잘 모르는 어떤 사람이 두

분이 식당에서 함께 있는 모습을 보았다. 그 여자는 아버지에게 이렇게 물

었다.

"두 분 결혼하신지 얼마나 되셨어요?"

아버지는 이마에 잔뜩 주름을 잡고는 이렇게 대답하셨다.

"우리는 결혼한 지 112년이나 됐답니다."

그녀는 깜짝 놀라 할 말을 잊었다.

그러자 아버지가 덧붙이셨다.

"내가 첫 번째 아내와 결혼하고 58년이 지났고, 여기 이 사람이 자기 남

편과 결혼한 지 다시 51년이 되었지요. 그리고 우리가 결혼한 후 또 다시 3년이 흘렀으니까, 모두 합하면 112년이 된 겁니다."

슬픔이 무엇인지를 배우기

슬픔을 배운다는 게 무슨 말일까? 슬픔을 배움에 있어서 제일 첫 번째 단계는 바로 '세상 일이 언제나 똑같을 것이다.' 라는 기대를 더 이상 하지 않는 것이다. 상실에는 그 어떤 특효약도 없고 예방약도 없다. 상실이란 우리들 누구에게나 언제 어느 곳에서든지 예고 없이 찾아오게 마련이다. 슬픔은 삶의 순간마다 동행하는 동반자이다.

슬픔을 배우는 두번 째 단계는 '우리들 모두에게 예외가 없다.' 는 사실을 깨닫는 것이다. 우리가 이런 사실들을 깨닫는다면, 우리는 슬픔을 그저 담담하게 인생의 한 과정으로 받아들이며 살아갈 수 있을 것이다.

젊은 시절 나는 강의 급류에서 래프팅타기를 좋아했다. 삶을 이렇게 강물을 따라 내려가는 거라고 생각해도 좋다. 강물은 때로는 급류를 만들기도 하며, 또 때로는 완만하고 느린 속도로 흘러가기도 한다. 강물에 익숙해지면 질수록, 우리는 급류도 덜 위험하게 느끼게 되고 소용돌이에도 덜 무서워하게 되는 법이다.

급류와 소용돌이를 통과하면서, 우리는 점차 카누나 뗏목을 다루는 법을 터득하게 된다.

경험은 우리에게 잔잔한 물결에는 그냥 몸을 내맡겨두라고 충고한다. 격랑을 만나게되면, 더 열심히 노를 젓고 바위를 피하라고 말한다. 이런 지혜는 모두가 다 경험의 산물이다.

때때로 천둥 번개가 치면서 폭우가 쏟아지는 날도 있다. 그럴 때 우리들이 할 수 있는 일은 많지 않다. 조용히 그런 폭우나 광풍이 잦아들기를 기다려야 한다. 이런 악천후를 인내심을 갖고 잘 견디어 내면, 머지않아 잔잔한 물살이 우리를 기다리고 있게 마련이다. 이런 낙관적인 생각을 갖는 능력도 모두 경험의 산물이다. 상실에 따른 분노와 비통함의 순간을 잘 참고 견디어 내면, 우리는 일생동안 계속되는 항해를 담담하게 감당해 낼 수 있는 것이다.

호라치오 스파포드는 19세기 말의 시카고 법률가이자 사업가이다. 큰 법률회사를 운영하면서 그는 네 명의 딸들과 함께 교회의 장로로서 열심히 살았다. 1871년에, 시카고에 대화재가 발생하여 전 도시를 잿더미로 만들었을 때, 스파포드는 자기의 모든 투자재산을 다 잃어 버렸다. 2년 후에, 그의 가족들은 유럽 여행을 떠나게 된다. 떠나기 바로 전에, 스파포드는 사업상의 문제로 그 여행을 취소해야만 했다. 그의 부인 앤너와 네 딸은 기선 빌데하브르를 타고 유럽으로 떠났다. 1873년 11월 23일의 일이었다. 그 여객선은 그만 영국 상선과 정면충돌하여 박살이 났고 불과 12분 만에 바다에 침몰하고 말았다. 아내인 앤너만 나무판자를 붙잡고 겨우 살아났을 뿐, 네 명의 딸은 시체조차 찾지 못했다. 그 때 함께 살아남은 사람이 앤너의 넋두리를 들었다고 한다.

"하나님은 내게 네 명의 사랑스런 딸을 주셨습니다. 그러나 이제는 그들을 거두어 가셨습니다. 언젠가 때가 되면 하나님의 깊으신 뜻을 알 수 있는 날이 오겠지요."

침몰하고 나서 9일째 되는 날, 앤너는 웨일즈의 카디프라는 지방까지 밀려와서 동네 사람들에 의해 구조되었다. 그녀는 남편에게 전보를 쳤다.

"나 혼자 살아남았어요. 어쩜 좋죠?"

아내의 전보를 받은 스파포드는 즉시 시카고를 떠나서 아내에게로 갔다. 그리고 그녀를 집으로 데리고 돌아왔다. 대서양 한복판에서 돌아오는 배의 선장이 스파포드를 갑판위로 불러냈다. 그는 스파포드에게, 지금 우리가 당신의 딸들이 죽은 바로 그 지점을 막 통과하고 있는 중이라고 설명해 주었다. 스파포드는 즉시 시를 지었다. 그리고 그것을 선장에게 건네주었다. 그 시가 바로 유명한 '나의 영혼은 늘 평안해' 라는 시이다.

"내 평생에 가는 길 순탄하여 늘 잔잔한 강 같든지
큰 풍파로 무섭고 어렵든지, 나의 영혼은 늘 편하다.
내 영혼 평안해, 내 영혼 내 영혼 평안해."

(우리들이 즐겨 부르는 찬송가 470장 '내 평생에 가는 길' 은 스파포드의 이 시에 곡을 붙인 것이다. – 옮긴이)

슬퍼하는 방법을 터득하게 되면, 우리도 스파포드처럼 어떤 슬픔을 만나더라도 그것들을 잘 다스릴 수 있을 것이다. "내 영혼은 늘 평안해"라고 말하면서.

제 5 장

슬픔을 당한
어린이들 돕기

슬픔이란 혼자만의 경험은 아니다. 우리가 슬픔을 당할 때는 언제 어디서나 친구가 있기 마련이다. 그들 중에 어린이들도 있다. 만약 당신이 가족 중 누군가를 잃은 부모나 조부모라면, 당신 가족 중의 어린이들도 함께 슬퍼하고 있을 것임에 틀림없다. 당신이 독신일지라도, 당신은 조카나 사촌도 있을 것이고, 그들 역시도 당신의 상실에 대하여 함께 애도하고 있을 것이다. 슬픔을 당한 어린이들을 이해한다는 건, 우리들이 떠나는 슬픔여행에서 챙겨야 할 매우 중요한 항목이다.

나의 경우를 살펴보면, 나는 자녀들의 슬픔에 매우 많은 관심을 가져 왔다고 말할 수 있다. 장모님이 돌아가셨을 때나 나의 어머니가 돌아가셨을 때, 결과적으로 그 사건들은 나의 자녀들에게는 외할머니와 친할머니를 잃은 결과가 된 것이었다. 에릭이 죽은 것은, 나의 자녀들에게는 자기들의 형제를 잃은 가슴 아픈 사건이었다. 이런 경험들을 통해서, 우리 부모들의 슬픔은 자녀들의 슬픔과 한데 합쳐지고 뒤섞이게 된다. 나의 어머니가 돌아가셨을 때, 마흔 두 명이나 되는 모든 자녀들과 손자손녀들이 함께 슬퍼했다. 그 사건을 통해서 나는 나의 형제들과 누이들과 조카들, 그리고 모든 친족들을 돌보아야 할 책임을 느낄 수 있었다.

독신으로 살면서 지난 30년간을 주일학교에서 교사로 봉사한 사람이 있었다. 그녀는그 긴 세월동안 자기가 가르쳤거나 현재 담임하고 있는 아이들이 부모를 잃거나 형제가 죽으면, 항상 그들을 찾아가서 위로하는 삶을 생활화 하였다. 그녀는 항상 그들을 찾아갈 때 한마디의 따뜻한 위로의 말과 작은 선물을 잊지 않았다. 그것들은 예를 들면, 아이스크림 쿠폰이나 캔디와 같은 아주 사소한 것들이었다. 나는 그녀로부터 이런 말을 들었다.

"비록 이 아이들이 자기들이 겪은 슬픔을 어른만큼 이해하지는 못해도, 그들이 슬픔을 당했다는 사실 자체가 중요한 겁니다."

이 사랑스런 여성이 죽자, 온 교회 구석구석이 애도의 물결로 가득 찼다는 건 별로 이상할 게 없다. 난 지금껏 그렇게 진지하고 슬픔에 찬 사람들로 가득한 장례식을 본 적이 없다.

그들의 대다수는 교회학교 출신들이었다.

어떤 할아버지와 그의 여섯 살 먹은 손자는 매우 가까웠다. 할아버지가 갑자기 돌아가셨을 때, 그 가족들은 아이에게 될 수 있으면 충격을 덜 받는 쪽으로 이야기를 해주려고 그 사실을 조심스럽게 알려 주었다. 아이의 어머니와 아버지 그리고 할머니는, 할아버지께서 돌아가셨는데 지금쯤은 하늘나라에 가서 예수님과 즐겁게 지내실 거라고 얘기해 주었다. 그 다음 날 가족들은 모두 함께 할아버지의 시신을 보기 위해 시체안치실에 갔다. 여섯 살 먹은 손자도 관속에 뉘어져 있는 할아버지의 시체를 보았다. 그 손자는 주위 사람들에게 물었다.

"여기가 천국이에요?"

"아니란다."

가족들은 그렇게 말 할 수 밖에 없었다.

그 아이는 가족들과 함께 집으로 돌아와서 자기 또래의 아이들을 불러 모았다. 그리고는 이렇게 선언했다.

"우리 할아버지는 천국에 계시지 않아. 저기 모텔 옆에 있는 시체 안치소에 누워계셔. 양복에 넥타이를 매고 관속에 누워 계셔. 마치 잠을 자는 것 같아."

어린아이들은 확실한 개념으로만 말을 한다. 어린아이들, 특히 다섯 살이나 여섯 살, 또는 그 또래의 아이들은 모든 것을 사실 그대로 보고, 듣는 그대로 이해하려고 하는경향이 있다. 그들의 정직하고 꾸밈이 없는 표현은 때때로 슬픔을 당한 유가족들에게는 우습게 보이기까지 한다.

나의 아들 마이크가 세 살 때 쯤 이었다고 생각된다. 나는 그 아이를 데리고 당시 85세였던 나의 할머니를 만나러 갔다. 우리는 집안으로 들어가서 응접실에 앉았다. 마이크가 할머니를 보자마자 대뜸 한 말은 이런 것이었다.

"할머니는 이제 죽어?"

그러자 나의 할머니는 자상하게 웃으시면서 이렇게 대답하셨다.

"그럼, 죽지. 그런데 아가야, 왜 그렇게 묻지?"

"할머니가 너무 늙어서."

아홉 명의 자녀와 그들로부터 태어나고 또 태어난 서른여섯 명의 자손들

을 두고 계신 내 할머니는, 마이크의 손을 잡으면서 이렇게 말씀하셨다.

"아가야, 내가 죽으면 너도 내 장례식에 오련?"

그러자 아이는 눈을 깜빡이면서 이렇게 대답했다.

"응, 할머니가 초대해 주면."

"그래, 너는 초대되었다고 아빠에게 말씀드리렴. 그래서 꼭 장례식에 함께 오거라. 알았지?"

그로부터 6개월쯤 지나서 할머니가 돌아가셨을 때, 마이크는 자기가 장례식에 초대되었다는 사실을 다시 기억해 냈다.

온 가족들이 무덤가에 다 모였다. 할머니는 생전에 늘 자기는 죽은 후 장례차를 타기 싫다고 말씀하셨다. 그래서 우리들은 할머니의 관을 여러 명이 손으로 들어서 무덤까지 운반했다. 우리는 마이크를 그 장례식에 데리고 갔다. 관이 막 땅 속에 묻힐 때였다.

"할머니는 어디 있어?"

마이크가 물었다.

"너 저기 큰 상자 보이지? 그게 관이라고 부르는 건데, 할머니의 몸은 지금 거기에 누워 계시지. 그렇지만 영혼은 하늘나라에 있지."

그러자 마이크는 이렇게 말했다.

"나 잠간만 내려가서 들여다보면 안 돼?"

"그건 안 된단다. 할머니는 뚜껑이 꼭 닫혀져 있길 원하시거든."

"그러면 어떻게 아빠는 할머니가 저 안에 있다고 생각해?"

"응, 나는 할머니의 몸은 저 속에 있고, 영혼은 하늘나라에 있는 걸 알지."

관이 거의 다 흙으로 덮여갈 즈음, 마이크는 무덤 밑으로 내려가고 싶다고 했다. 할머니가 있는 땅 위에서 한 번 뛰고 싶다고 했다. 우리들은 모두 눈물을 흘리면서 서로를 쳐다본 후 마이크의 요청을 들어주기로 했다. 마이크는 잠시 할머니의 관이 묻혀 있는 땅 위에서 뛰어 다녔다. 아마도 우리들의 어떤 위로보다도 할머니는 당신의 증손자가 머리 위에서 뛰어 다니면서 이별을 아쉬워 한 장면을 더욱 기뻐하셨을 것이다.

할머니의 무덤이 꽃으로 모두 덮이자, 우리들은 무덤가를 떠나서 승용차로 돌아왔다. 나는 백미러로 뒤를 돌아다보았다. 마이크는고개를 뒤로하고는 할머니의 무덤을 계속 보고 있었다. 그리고는 나에게 이렇게 묻는 것이었다.

"아빠, 어떻게 할머니는 저기 땅 속에서 나올 수 있지?"

그것은 어린아이의 단순한 생각에서 나온 질문이었다. 어린아이들에게 우리 어른들이 이념적으로 생각하고 있는 죽음을 설명하기란 참 어렵다. 특히 육신적인 죽음과 부활을 설명하기란 더욱 더 힘들다.

그렇다면 부모들은 어떤 말로 아이들에게 죽음을 설명해 주어야 할까? 40년이 넘는 목회생활을 하고 나서야, 나는 거기에 적절한 대답을 찾아낼 수 있었다. 죽음을 당한 각 가정의 상황이 모두 다 다르고, 슬픔의 강도 또한 다 다르겠지만, 이 여섯 가지 원칙은 어떤 경우에든 다 통용될 수 있을 거라고 나는 확신한다.

제1원칙 : 진실을 말해주라

진실을 숨기는 것보다 더 어린이들을 혼란스럽게 하는 것은 없다. 비록 그 거짓말이 좋은 의도에서 비롯되었다고 하더라도 말이다. 우리들 대다수와 마찬가지로, 어린이들도 내부에 장착되어 있는 레이더가 있기 마련이다. 그들은 어른들의 세계에서 무언가 잘못된 일이 발생하였다고 하면 그걸 금세 알아차린다. 사도 바울도 기독교인들에게 에베소서 4장 15절을 통해 이렇게 말하고 있다.

"사랑으로 진리만을 말하라."

사랑하는 마음을 가지고 진실 되게 말하는 태도야말로 어린이들에게 다가가는 가장 좋은 길인 것이다.

어느 월요일 오후에, 나는 어느 아이의 어머니 할머니, 그리고 할아버지와 함께 아이가 유치원에서 돌아오기를 기다리고 있었다. 다섯 살 먹은 똑똑하고 총명한 아이의 부모는 이혼을 한 상태였다. 내가 기다리는 다섯 살 먹은 꼬마아이는 그 전 주말을 아버지와 함께 보냈다.

월요일 이른 아침에, 전날 아이를 자기 엄마에게 돌려보내고 난 뒤, 아버지는 그만 자살하고 말았다. 그 아이의 어머니와 조부모는 내가 자기들과 함께 있어주기를 원했다. 아이가 유치원에서 돌아오게 되면 자기들이 그 비극을 전해 주어야 할 텐데, 그 순간이 너무 두렵다는 것이었다. 그럼에도 불구하고, 나는 어린 아이에게 진실을 말해주는 게, 나를 위해서가 아니라 그 아이를 위해서 무엇보다도 중요하다고 생각했다.

작은 아이는 이모가 운전하는 미니밴을 타고 돌아왔다. 아이의 손에는 스케치북이 들려 있었다. 방안에 들어서자마자, 아이는 엄마에게로 달려 갔다. 아이는 엄마의 무릎에 앉더니 그 작은 손으로 엄마의 얼굴을 어루만 졌다.

"엄마, 왜 울어?"

엄마는 아이를 꼭 끌어안고는 이렇게 말하는 것이었다.

"아빠가 오늘 아침에 돌아가셨단다. 그래서 엄마는 많이 슬프단다."

잠시 동안 침묵이 흘렀다. 아무도 말하지 않았다. 그 때 할머니가 우유와 초콜릿을 냉장고에서 꺼내가지고 왔다. 놀랍게도, 아이는 과자도 달라고 했다. 과자를 한 입 먹고 우유를 마시고 난 뒤, 아이는 이렇게 말했다.

"나 오늘 그림 그렸어, 볼래?"

아이는 스케치북을 펼쳤다.

"아빠와 고기 잡는 그림이야."

아이는 그림에 대한 설명을 했다. 자기는 지난 주말에 아빠와 함께 낚시 를 했다는 것이었다. 그리고 난생 처음으로 고기를 한 마리 잡았다고 했 다. 그리고 한 참이 지난 후에, 아이는 고개를 엄마 쪽으로 들더니 이렇게 물었다.

"누가 아빠를 죽였어?"

잠시 생각하던 젊은 엄마는 용기를 내서 이렇게 말했다.

"아빠가 직접….'

그것만으로 충분했다.

아이에게 진실을 말해준다는 건 분명 용기 있는 행동이었다. 거기에는 많은 말이 필요치 않다. 가끔 아이들은 계속 질문에 질문을 거듭하며 더 자세히 알기를 원하곤 한다. 그렇지만, 슬픔은 어른에게나 어린아이에게나 하나의 과정이라는 걸 기억하라. 슬픈 기억으로부터의 회복은, 내가 목격한 이런 사건과 같은 슬픔의 경우에는, 여러 해가 걸린다.

제2원칙 : 분명하고 단순한 말을 사용하라

우리는 죽음을 지칭하는 말로서 아주 완곡한 말을 개발해 냈다. 바로 '돌아가시었다.' 또는 '하늘나라로 가셨다.' 같은 말들이 그것이다. 그러나 그런 말들은 어린이들에게 사용하기는 부적절하다. 왜냐하면 그 뜻이 모호하기 때문이다. 불행하게도 많은 크리스천 부모들은, 특히 아이들을 끔찍이 사랑하는 부모들의 경우에는, 가족 중에 누군가가 죽으면 아이들에게 기독교적으로 설명해야 한다는 강박관념을 가지고 있다. 분명 아이들에게 부활의 참 뜻을 설명해야 할 시기가 있다. 그러나 그 때가 가족 중 누군가와 이별했을 때, 그래서 아이들의 슬픔이 최고조에 달해 있을 때는 아니라는 것이다. 그래서 현명한 부모나 교사들은 때가 오기를 기다린다. 아이들에게 이 기독교의 핵심 진리인 부활신앙을 제대로 배우고 받아들일 수 있는 기회를 말이다.

노스캐롤라이나의 시골 마을에서 목회를 하고 있는 나의 친한 친구가 자기의 목회 초기에 있었던 경험담을 이야기 해 주었다. 여덟 살 먹은 아이가 바니라는 비글 종 강아지를 키우고 있었다. 매일 아침 바니는 버스정류장까지 따라 나와서 아이의 등교를 배웅해 주었고, 오후가 되면 어김없이 다시 나가서 아이와 함께 집에 돌아왔다. 아이와 강아지는 학교가 끝나면 둘이 운동도 하고 재미있게 놀았다. 어느 추운 겨울 날 아침, 스쿨버스가 떠난 뒤, 바니는 집으로 돌아오던 중 덤프트럭에 치어서 죽고 말았다. 그 아이의 어머니는 친구 목사에게 집에 와서 아이가 돌아 올 때 함께 있어주면 안되겠느냐고 물었다.

도와주려는 마음에서, 친구 목사는 농장으로 가서 자기가 할 수 있는 일을 다 했다. 말도 무척 많이 했다. 약 15분 정도 강아지의 죽음을 설명하고 위로하는 자리에서 그는 이렇게 말했다.

"바니가 길에 있었는데, 덤프트럭이 바니를 치어서 죽게 했단다."

아이를 위로해야 되겠다는 생각으로 가득 찬 이 경험 없는 젊은 목사는 이 말도 추가했다.

"예수님이 네 강아지를 천국으로 데리고 가셨단다."

마지막으로 목사는 이렇게 물었다.

"얘야, 너 무슨 할 말 있니?"

그 아이는 한참을 생각하더니 이렇게 물었다고 한다.

"목사님, 예수님은 그 죽은 강아지를 데리고 무얼 하시려고 하나요?"

완곡한 표현으로 어린아이를 달래려고 한다면, 그런 시도는 오히려 분명한 말로 설명해 주는 것만도 못한 경우가 많이 있다. 나는 바울이 데살로니가 교인들에게 이렇게 설명했다는 것을 알고 있다.

"… 주 강림하실 때까지 우리 살아 남아있는 자도 자는 자보다 결단코 앞서지 못하리라."

- 데살로니가전서 4:15

그렇지만 나는 당신의 아이들에게 만은 그런 식으로 설명해주지 않기를 바란다. 아이들이 사랑하던 사람 또는 동물을 잃은 슬픔에 한참 깊이 잠겨 있을 때, 예수님의 품에서 잠들어 있다는 표현 같은 설명 말이다. 아이들은 매일 밤 잠자기 전에, 그 '죽었다' 는 표현과 '잠들었다' 는 표현을 두고 고민해야 하는 것이다.

제3원칙 : 어린아이들도 사람이다

비록 아이들이 자신들의 느낌을 다르게 표현하기는 하지만, 그들이 느끼는 슬픔은 주위의 어른들이 느끼는 슬픔과 별반 다르지 않다. 우리는 아이들이 자신들의 방식으로 슬픔을 표현하도록 도와주어야만 한다.

니일리 가족은 대가족이다. 나는 우리 형제 여덟 명 중 맏아들이다. 어머니와 아버지는 48명의 자손을 두셨으며 그 중 4명은 이미 죽었다. 손자 중하나인 윌리엄은 태어나면서 죽었다. 다른 손자이자 윌리엄의 쌍둥이인 크레스는 뇌수종(腦水腫)에 걸려서 지체아가 되었다. 크레스는 끝내 오래 살지 못하고 열두 살의 나이로 죽고 말았다. 또 있다. 캐더린은 내 동생이 임신 8개월 때 교통사고를 당해서 태어나기도 전에 뇌손상을 당했다. 캐더린은 겨우 여덟 달 동안 살다가 죽었다. 네 번째는 내 아들 에릭이다. 에릭은 그가 스물아홉 살에 그만 급성 간질병이 재발해서 죽었다. 큰 나무에 바람 잘날 없다는 속담처럼, 정말 대가족에게는 슬픔이 그칠 날이 없는 것이다.

어머니와 아버지의 자손들 중에는 여섯 명의 목사가 태어났다. 우리 집안에 결혼식이나 장례식이 있을 때면, 문제는 '누가'의 문제가 아니라 '얼마나 많은'의 문제인 것이다. 우리 집안에는 대대로 내려오는 전통이 있는데, 그것은 손자손녀 중 누군가가 죽으면, 그 관을 운반하는 아이들은 그 죽은 아이의 사촌들로 한다는 것이다. 어머니가 돌아가셨을 때는 열여덟 명의 손자들이 그 관을 운구했다. 우리 집안의 젊은이들은 관을 나를 일도 그만큼 많고 따라서 슬픔을 당할 일도 그만큼 많다.

신약 시대엔, 어린아이들은 하나의 인격체로 간주되지 않고, '절반쯤인

인간’ 으로취급되었다고 한다. 그러나 예수님은 그들을 전혀 다르게 취급하셨다. 예수님은 당신이 다른 사람들에게 대하는 것과 똑 같이 어린아이들을 대하셨고, 아이들과의 접촉을 반기셨다. 마가복음 9장 36절과 37절을 보면 이런 상황이 잘 소개되어 있다.

"어린아이 하나를 데려다가 그들 가운데 세우시고 안으시며 제자들에게 이르시되, 누구든지 내 이름으로 이런 어린아이 하나를 영접하면 곧 나를 영접함이요. 누구든지 나를 영접하면 나를 영접함이 아니요, 나를 보내신 이를 영접함이니라. "

내 아내 클레어는 내게, 아이들이 슬픔을 당했을 때 그들에게 적절하게 반응하는 게 아주 중요하다는 사실을 자주 상기시켜 주곤했다. 어린 아이들은 보호된 세상에서 살고있다. 그러므로 우리들이 그들의 슬픔에 반응하려면 우리들의 눈높이를 그들의 눈높이에 맞추려는 자세가 중요하다. 그들의 언어로 말하도록 하라. 그러나 무엇보다도 중요한 점은, 그들의 슬픔에 관심을 가져야한다는 사실이다. 말하는 것보다는 듣는 것이 더 중요하다. 그러나 듣는 것보다 더 중요한 것은, 바로 ‘함께 느낀다.’ 는 마음가짐이다.

내 아들 에릭은 자기의 사촌과 조카들을 좋아했다. 그 아이들과 축구, 소프트볼, 농구 같은 게임도 자주했다. 그는 남자아이들과는 살갑게 지냈고 여자아이들에게는 짓궂은 행동도 했다. 에릭이 너무나도 덩치가 컸던 관계로, 사촌들이나 조카들은 아마도 자기들이 큰 테디베어와 함께 놀고 있다고 착각했을 때도 있었을 것이다. 그는 친절한 거인이었다.

11월 중순에 있었던 에릭의 장례식 날, 우리들은 흰 눈이 내리는 풍경을 보고 모두 놀랐다. 11월 중순에 사우스캐롤라이나에 눈이라니! 그건 분명 하나님의 축복이었다.

무덤가에 도착할 때쯤엔, 눈은 꽤 많이 쌓여서 충분히 눈사람을 만들 정도가 되었다. 매장이 모두 끝나자, 나이가 있는 사촌들은 무덤가에 앉아서 옛날 인디언 노래를 몇 곡 불렀다. 그건 그들이 에릭과 함께 보이스카웃을 할 때 거기서 배운 노래들이었다. 에릭의 어린 조카인 테일러는 눈사람을 만들었다. 그 아이와 에릭은 특별히 좋은 관계를 가졌다. 의심할 여지도 없이, 그 둘은 과거에 눈싸움을 하면서 겨울을 보냈을 것이다.

테일러가 눈을 뭉쳐서 눈사람에게 던지는 것을 보자, 그 엄마가 자기 아들을 나무랐다.

언제나 친절한 숙녀인 내 아내 클레어는 그런 사촌동생을 타일렀다.

"그냥 놔둬. 테일러야, 에릭에게 눈을 던지려무나."

노래가 계속되는 동안, 테일러는 손에 눈을 뭉쳐서 무덤가로 갔다. 많은 사람들의 눈시울을 적시면서, 이 장례식의 총감독은 에릭의 무덤위로 눈을 뭉쳐서 던지기 시작했다. 테일러는 마지막으로 숨을 헐떡이면서 이렇게 소리쳤다.

"내게 눈을 던져 봐. 단 한번 만이라도 내게 던져보란 말이야!"

그 아이는 마침내 슬픔을 더 이상 참지 못하고 엄마 품에 안겨서 통곡을 하기 시작했다.

언제나 기억하라. 어린아이들도 역시 사람이라는 사실을.

제4원칙 : 나이를 염두에 두어라

어린이들의 나이는 그들이 죽음이나 슬픔 앞에서 어떤 반응을 보일지에 대한 중요한 단서가 된다. 그것은 또 어른들이 어떤 말을 해주면 그들에게 가장 큰 위로가 될지도 알려준다. 프랑스와 일그와 루이스 베이트가 공동 집필한 책《아이들의 행동》(Harper & Row 1981)은 이런 면에서 아주 좋은 지침서이다. 이 책에 따르면, 취학 전 연령인 여섯 살 미만의 아이들은 사랑하던 사람의 죽음에 대해 사실 그대로 반응한다는 것이다. 이 말은 내가 조금 전에 언급했던, 어린 아이들은 죽음이나 슬픔을 어른들처럼 추상적이거나 완곡한 표현이 아닌 아주 확실한 의미로서 받아들인다고 한다는 것을 확인시켜 주고 있다.

아이가 몇 살이건, 또는 어떤 아이이건 아이들의 행동을 예측한다는 것은 사실상 불가능하지만, 특히 8살 전후의 아이들에게서는 많은 문제들이 발견된다. 죽음이 현실이 된다는 걸 깨닫는 나이가 바로 이때쯤이다. 그런 깨달음은 경우에 따라 여덟 살보다 조금 더 빠를수도 있고 더 늦을 수도 있다. 이 나이 전까지는, 죽음이란 다시 되돌릴 수 있는 것처럼 여겨지기도 한다. 기독교 교육적인 측면에서 볼 때, 그들이 부활신앙을 받아들이도록 충분히 성숙했다고 생각되어 질 때에 죽음에 대한 교육을 하는 것이 바람직하다. 그러면 예수의 죽음과 희생, 그리고 죽음을 이겨낸 승리는 훨씬 더 의미 있게 받아들여질 것이다.

죽음이란 것이 환상이 아닌 실체로 다가올 때, 아이들은 공포에 대하여 민감한 시기로 접어든다. 여덟 살이라는 나이는 그들이 죽음의 실체를 이해하는 시기이기 때문에, 우리들은 특별히 이 때, 그 나이 또래의 아이들에게 말하는 것에 신경을 써야 한다.

주말에 할머니와 할아버지의 집을 자주 가서 재미있게 놀던 여덟 살 정도의 남자 아이도, 어느 날 갑자기 조부모의 집에서 더 이상 자고 오려하지 않는 것을 보게 된다. 이 말은 할머니와 할아버지가 죽을 수도 있다는 사실을 깨닫기 시작했다는 의미이며, 어느 날 아침 눈을 떴을 때, 자기 옆에 두 명의 시체가 누워있는 장면을 상상한다는 뜻이기도 하다. 여덟 살 먹은 여자 아이는 자기만 집에 혼자 두고 부모가 밖에 나가는 것을 특히 두려워한다. 그 아이의 두려움은 자기 엄마 아빠가 사고로 죽을 수도 있으며, 그렇게 되면 자기 혼자 남게 되리라는 상상에서 오는 것이다.

목회상담자로서, 나는 부모가 내게 전화를 해서 아이의 문제를 상담하고자 원하면 먼저 그 아이의 나이부터 묻는 습관이 생겼다. 대개의 경우는 그 아이들의 나이가 여덟살에서 아홉 살 정도였다. 아이의 두려운 마음은 부모에게도 공포심을 유발한다. 그들은 아이가 잘못되지나 않을까 하고 두려워하는 것이다. 때때로 부모나 어른들은 아이의 두려움이 죽음을 목격한 순간부터 시작된다고 주장한다. 나는 친척들이 죽은 할아버지나 할머니의 뺨에 키스하라고 어린 아이를 들어서 관속에 누워있는 시체에 가까이 갖다대는 장면을 많이 목격했다. 때로는 죽은 사람들의 손을 만져보라고 하기도 한다. 이런 행동은 절대로 아이들의 두려움을 줄여주지 못한다. 오히려 그런 강요된 행동은 아이에게 죽음에 대한 공포심을 더 많이 갖게 하고, 그 아이가 성장하면서도 계속하여 문제를 일으키게 만든다는 게 나의 경험에서 나온 이론이다.

부모로서 아이들을 돌보는 것은 거센 폭풍우가 몰아칠 때 아이들을 포근히 감싸주는 역할일 것이다. 아이들이 죽은 사람의 시체를 보고 싶으면 보여주고 그렇지 않다면 보여줄 필요가 없다. 아이들이 죽음에 대하여 갖는 이해심이나 공포심을 그대로 인정하고 존중해 줄 필요가 있다. 그들에게 당신의 사랑을 다시 확인시켜 주라.

제5원칙 : 아이들은 슬퍼하는 부모를 보고 따라 배운다

어느 나라를 막론하고 장례의식은 그것을 처음 접하는 사람들에겐 이상하게 보이기 마련이다. 어린이들의 종교교육 전문가이며 우리 가족과도 매우 친한 한 저명인사는, 자녀들의 나이가 6~7세 정도가 되기 전에 장례식장에 데리고 갈 것을 권유하였다. 그녀는 될 수 있으면 부모나 아이들과 친하지 않은 사람의 장례식에 참석해 보기를 추천하였다. 전문가로서 그 친구가 권유하는 바는, 바로 이런 기회를 통하여 아이들이 자신들이 사랑하던 사람이 죽기 전에 죽음에 관한 문화적인 전통을 배우게 된다는 것이었다.

때때로 많이 배웠다고 하는 사람들조차도 자녀들을 장례식장과 같은 곳에 일부러 데려가지 않음으로써 아이들이 상처받는 것을 미연에 방지하려고 한다. 그러나 우리가 기억해야 할 것은, 어른들이 사랑했던 사람을 떠나보내면서 그들의 슬픔을 어떻게 다루는지를 보면서, 어린이들도 그렇게 따라서 배워 나간다는 사실이다. 어린이들은 주변의 어른들이 솔직하게 감정을 표현할 때 가장 잘 배운다. 예를 들면 이런 경우이다.

"할아버지가 돌아가셔서 매우 슬프구나."

기독교인이라면 이런 말도 적절할 것이다.

"그렇지만 할아버지께서 하나님 품으로 가셨다는 게 기쁘단다."

내 가족들의 경우에는, 장례식은 언제나 가족들 간의 유대감을 더욱 공고히 하는 계기가 되어 주었다. 여러 해 동안, 아내 클레어 쪽의 장례식이 너무나도 많았기 때문에, 조카들은 심지어 이런 농담까지도 했다.

고 농담을 하시곤 해. 질 숙모는 주방에서 열심히 음식을 만들면서 사람들을 접대하려고 애쓰시지. 조 삼촌은 뒷마당에 나가서 아무 말도 없이 그냥 앉아 계시기만 하지.”

그러면서 여자 아이는 말을 계속 했다.

“나는 엄마처럼 할 거야. 엄마는 별로 웃지 않고 가끔씩 울기도 하시지. 대신 기도를 많이 해. 그리고 많은 사람들을 위로해 주려고 하시지.”

어린이들은 주변의 어른들이 하는 것을 보면서 그대로 따라 하려고 하는 경향이 있다. 믿음, 희망, 사랑과 같은 감정들은 전염성이 있는 것이다.

제6원칙 : 어른들도 어린이들을 통해서 배운다

어린이들은 어른들을 통하여 배운다. 어른들도 역시 어린이들을 통해서 배운다. 성경에서 예수님은 어린이들과 관련하여 아주 중요한 교훈 두 가지를 말씀하시고 있다. 첫번째는 제자들 중에 누가 더 훌륭한 사람이냐고 논쟁이 붙었을 때 하신 말씀이다.

"누구든지 내 이름으로 이런 어린아이 하나를 영접하면 곧 나를 영접함이요…."

- 마가복음 9:37

한 번은 장례식을 치르고 난 뒤, 그 집에 초대되어 간 적이 있었다. 모든 식구들이 모인 그 자리에서, 난 맨 먼저 손자에게 할아버지가 살아계셨을 때 어떤 분이셨냐고 말해 보라고 했다. 방안에 있는 모든 어른들이 어리둥절해 하고 있을 때, 12살 먹은 손자는 거침없이 이렇게 말하는 것이었다.

"할아버지는 고기 잡는 방법과 야구공 던지는 기술을 가르쳐 주셨어요. 할아버지가 해 주신 일 중에 제일 좋았던 것은, 제가 가게에서 물건을 슬쩍 하다가 잡혔을 때였어요. 할아버지는 그 때 제가 훔친 캔디의 값을 지불해 주셨을 뿐만 아니라, 예수님이라면 그렇게 하지 않으셨을 거라며 성경 말씀도 해 주셨어요."

거기 있던 가족이나 친척 중 어느 누구도 할아버지와 어린 손자 사이에 그런 비밀이 있었으리라고는 생각지 못했던 것이다.

어린아이들은 어떤 때는 직선적으로 말하기도 하지만, 오랫동안 저만의 비밀로 간직하기도 한다. 그러므로 그들이 의사표현을 자주 자유롭게 할 수 있도록 분위기를 만들어주는 게 중요하다. 만약 우리들이 아이들의 말에 주의를 기울이면, 그들로부터 배울 점이 훨씬 더 많이 있다.

예수님께서 어린이들에 관하여 말씀하신 두 번째 경우는 제자들이 어린아이가 예수님께 오려고 하는 것을 막을 때였다.

"예수께서 보시고 분히 여겨 이르시되, 어린아이들의 내게 오는 것을 용납하고 금하지 말라. 하나님의 나라는 이런 자의 것이니라. 내가 진실로 너희에게 이르노니, 누구든지 하나님의 나라를 어린아이와 같이 받들지 않는 자는 결단코 들어가지 못하리라 하시고, 그 어린아이들을 안고 저희 위에 안수하시고 축복하시니라."

- 마가복음 10:14~16

이 장에서 논의한 많은 원칙들은 어린이들에게 만이 아니라 어른들에게도 그대로 적용된다. 예수님의 말씀에 의하면 어린아이가 된다는 뜻은, 어린아이와도 같은 경이로운 눈으로 세상을 보며, 어린아이와도 같은 명랑한 마음으로 하나님을 믿고 의지한다는 말이다. 슬픔을 당한 때에 어린아이와도 같다는 말을, 우리는 바울이 로마의 교인들에게 보낸 편지에서 찾아볼 수 있을 것이다.

"즐거워하는 자들로 함께 즐거워하고, 우는 자들로 함께 울라."

- 로마서 12:15

어머니는 장례식을 싫어하셨다. 아주 어렸을 적에, 어머니는 죽은 사람의 관 위로 끌어올려 졌는데 그 사람은 생전에도 어머니가 싫어하던 사람이었다. 어머니는 어릴 적에 억지로 그 송장에 입 맞추도록 강요당한 이후에는 절대로 두 번 다시 그런 일을 하지 않았다.

친구나 친척이 죽게 되면, 어머니는 자녀들이나 손자손녀들 사이에 적당히 숨어서 그 장례식이 무사히 끝나기만을 기도했을 뿐 아니라, 당신의 자손들에게도 되도록 장례식을 먼 발치에서 지켜보는 정도로만 권유하였다. 오죽하면 아버지는 이런 농담까지 하셨다.

"내가 너희들의 엄마보다 먼저 죽으면, 절대로 네 엄마를 내 장례식에 오지 않도록 해 다오."

어렸을 때의 나쁜 추억이 평생 동안 엄마를 괴롭혔던 것이다.

어머니의 생일은 7월 4일이다. 그날은 공교롭게도 국경일이기 때문에, 우리 가족들 모두가 한자리에 모이기에는 더없이 좋은 날이기도 하다. 매년 어머니의 생일이면, 그 행사 중 절정의 하나는 집 정원에서 어머니를 가운데 세워 놓고 그 주위를 빙빙 도는 일이었다. 우리들은 손에 다양한 국기나 배너들을 들고 머리에는 뿔과 같은 모자를 쓴 이상한 모습으로 노래를 하며, 뛰며, 소리를 지르면서, 온갖 미친 방법으로 어머니를 즐겁게 해 드리곤 한다. 그 퍼레이드에는 두 명의 의사와, 여섯 명의 목사와, 다섯 명의 교사와, 한 명의 간호사와, 한 명의 약사와, 그리고 다른 여러가지 직업을 가진 자손들과 그들의 남편 또는 아내들이 참가한다. 그 희한한 축제에 참가하는 자손들의 숫자는 여덟 명의 자녀와 그들의 아내와 남편 여덟 명, 그리고 거기서 태어난 마흔 네 명의 손자손녀들, 이렇게 모두 60명이나 된다. 어머니는 돌아가시기 전 한두어 해 쯤 전에, 확고한 목소리로 이렇게 당부하

셨다.

"내가 죽게 되면, 내 장례식에서 그 퍼레이드를 다시 해 주려무나."

비록 어머니의 건강이 그렇게 좋은 것은 아니었지만, 어머니의 죽음은 어느 날 갑자기 찾아왔다. 어머니는 안방에서 아버지의 팔에 안겨서 당신이 평소에 가장 좋아하셨던 담요를 덮은 채로 죽음을 맞이하셨다. 그것은 어머니가 평소에 가장 맞이하고 싶었던 죽음의 모습이었다. 어머니의 장례식 때, 네 명의 아들들이 함께 말했다. 우리들은 어머니의 삶을 기억하고 있다고, 그리고 천국에서의 새로운 삶을 축하한다고. 나는 추가로 말했다. 하나님께서는 어머니를 위해서 흔들의자 하나를 준비하셨을 것이라고, 그리고 어머니는 그곳에 앉아서 손자손녀들을 위해 기도하실 것이라고.

어머니는 특히 어린아이들을 좋아하셨다. 그녀는 무려 44년간이나 교회에서 코흘리개 아이들을 가르치셨다. 내가 아주 어렸을 때에도 어머니는 집에서 '뒷마당 성경학교'를 인도하셨으며, 어린아이들을 하나님 나라로 인도하는데 특별한 사명감을 갖고 계셨다.

우리가 교회를 떠나서 공동묘지로 향할 때, 교회의 오르간 반주자는 '싸움은 모두 끝나고'라는 찬송가를 연주해 주었다.

"할렐루야, 할렐루야. 싸움은 모두 끝나고 생명의 승리 얻었네. 개선가 높이 부르세, 할렐루야, 아멘."

무덤에서, 우리 모든 가족들은 장난감 피리를 불면서 무덤 주위를 돌았다. 거기에 모였던 많은 사람들이 깜짝 놀랐다. 그렇지만 우리 모두는 확신했다. 우리들의 그런 즐거우면서도 눈물을 자아내는 피리행진 만큼 돌아가신 어머니를 기쁘시게 해 드리는 선물은 없다는 사실을. 이 잊지 못할 순간에는 어른이건 아이들이건 모두가 한 결 같이 동심으로 돌아간 것이다. 바로 그 때야말로, 우리 모두가 하나님의 나라에 한 발 더 가까이 다가간 순간이었다.

젊은 목사 하나가 자기의 초등학생 딸 세 명을 어머니의 장례식에 데리고 왔다. 그 아이들은 그것이 처음으로 보는 장례식 풍경이라고 했다. 그들이 처음으로 죽음의 의식에 접하는 기회였던 것이다. 그 목사는 자기 딸들이 많은 것을 배웠노라고 말하면서 이렇게 덧붙였다.

"문제는요. 제 딸들이 제가 죽으면 '어디서 장난감 피리를 사지?' 하고 물을까봐 걱정이 된다는 겁니다."

예수님도 시장 통에서 어린이들과 관련하여 간단한 이야기를 하셨다.

"비유컨대, 아이들이 장터에 앉아 서로 불러가로되 우리가 너희를 향하여 피리를 불어도 너희가 춤추지 않고, 우리가 애곡을 하여도 너희가 울지 아니하였다 함과 같도다."

- 누가복음 7:32

이 간단한 비유를 통해서 우리들이 배울 수 있는 사실은, 어린아이들도 본능적으로 어떻게 슬픔에 반응하는지를 알고 있다는 사실이다.

하나님의 은총

자비의 하나님
―그 부드러운 손길

어느 해 가을 날 오후, 열여섯 살 먹은 소녀가 교회 사무실에서 흐느끼며 나를 기다리고 있었다. 나는 소녀에게 화장지 박스를 건네주며 소파에 앉기를 권했다.

"네 슬픔을 이야기 해 주렴."

내가 말하자 그 아이는 말을 하기가 힘든지 한참을 머뭇거렸다. 마침내 그 아이는 입을 열기 시작했는데 자신이 학교의 치어리더에 뽑히지 못했다고 했다. 그러나 사실은 치어리더에 뽑힌 아이들 보다는 뽑히지 않은 아이들이 훨씬 더 많았던 것이다. 그러나 그 아이의 두려움은 다른 데 있었다. 그 아이의 어머니는 학창시절 치어리더였다. 같은 학교에 다니는 언니 두 명도 모두 중학교 때부터 치어리더였다. 어린 시절부터, 그녀는 부모와 함께 미식축구 경기장에 가서 언니들이 응원을 리드하는 것을 수없이 보아왔다. 자연스럽게 소녀는 자라면서 자기도 엄마처럼 그리고 언니들처럼 치어리더가 되는 꿈을 꾸면서 살아왔던 것이다. 그러나 그런 꿈은 마음대로 되지 않았다. 그녀는 매우 소심하고 내성적이었다. 그녀는 자기가 치어리더가 되지 못한 것을 인생의 큰 실패로 생각하고 좌절하고 있었던 것이다.

그 후 몇 주 동안에, 우리들은 계속 만나서 이런저런 이야기를 했다. 나는 그 아이에게 부모와 함께 미식축구 경기장에 가서 경기를 관람하도록 격려해 주었다. 내가 그 아이를 상담하고 있는 기간 중에, 전에는 한 번도 들지 않았던 이상한 생각이 떠올랐다. 이 세상엔 수없이 많은 '치어리더들' 이 있지만 정작 그보다도 훨씬 더 소중한 '슬픔리더들' 은 없다는 사실이었다. 나는 그녀에게 치어리더가 되지못한 다른 친구들을 위로해주는 역할을하면 어떻겠느냐고 제안했다.

얼마 되지 않아 그녀는 자신의 절망으로부터 새로운 희망을 찾아내었다. 그리고 그 자질을 계발해서 뒤에 처져있는 친구들을 위로해 주는 역할을 하기 시작했다. 그 후 몇 년간, 나는 이 소녀가 성장하여 숙녀로 변하는 모습을 지켜보았다. 하나님은 그녀에게 목회자의 길을 가게 하셨으며 그 후 훌륭한 영성지도자로 변모하여, 실망하고 좌절하는 여성들에게 힘과 용기를 주는 상담자로서의 역할을 훌륭하게 해 내도록 인도하시었다.

하나님의 나라는 슬픔을 치유하는 리더들을 원한다. 슬픔과 좌절 속에서 신음하고 있는 주위 사람들에게 희망과 격려를 주는, 그래서 그들을 일으켜 세워주는 그런 지도자가 필요한 것이다. 슬픔지도자란 바로 자신의 눈물이건 타인의 눈물이건 눈물을 두려워하지 않는 그런 따뜻한 마음씨를 가진 사람들이다. 그들은 또한 눈물은 하나님이 주신 선물이라는 사실을 알고 있는 사람들이기도 하다.

눈물이 주는 은사

내 아들 에릭이 죽은 후, 아내는 며느리 준에게 목걸이를 선물했다. 옛날 로마에서 눈물을 받는 소위 '눈물 단지' 라고 불리는 작은 병이 줄에 매달린 아주 귀여운 목걸이였다. 그것은 마치 다윗이 시편 56편에서 말하는 내용을 생각나게 한다.

"나의 눈물을 주의 병에 담으소서. 이것이 주의 책에 기록되지 아니하였나이까."

아내와 며느리 모두 그 목걸이를 너무 좋아했다. 그들은 단지 문제가 있다면, 그것이 너무 작아서 눈물을 조금밖에 담아둘 수 없다는 게 문제라고 말하면서 깔깔대며 웃곤 했다.

이 눈물단지에 대한 더 자세한 설명은 레베카 웰스(Rebecca Wells)가 지은 책 《야야 자매의 영적비밀》에 잘 묘사되어 있다.

"옛날에는, 눈물단지가 가장 귀한 사람에게 선물할 수 있는 최상의 선물이었다. 그것은 당신이 그들을 사랑한다는 표시였고, 그들이 맞이할 슬픔을 함께 나누겠다는 의미였다." - p348

우리 지역 종합병원에서, 근무하는 두 명의 의사들과 커피를 함께 한 적이 있었다. 한 의사가 말했다.

"난 요즘 왜 우리에게 눈물샘이 있는지를 알아냈어. 그건 필요할 때마다 쓰라고 주신거야."

정신의학적인 증거로서 눈물을 흘려야 할 때 눈물을 흘리지 못하는 사람에게 만성적인 동공이상의 증세가 있다는 사실이 밝혀졌다. 다른 의사가 설명했다.

"동공이상 증세는 마음속으로 울 때 발생하는 병이지. 다시 말하면 밖으로 눈물을 흘리며 울어야 하는데 그렇지 못하고 그 슬픔을 가슴 속으로 참으면서 울게 될 때 그것이 병이 된다는 말이야."

이 의사들이 커피 테이블에서 나눈 가벼운 이야기는 우리들에게 나름대로 암시하는 바가 있다. 즉, 우리 인간은 어느 누구나 슬플 때 울어야 한다는 것이다. 여기에는 어떤 예외도 없다. 심지어 의사들도 마찬가지이다.

성경은 예수님의 눈물을 숨기려하지 않는다. 그는 나사로의 무덤에서 우셨고, 예루살렘을 보며 통곡하셨다. 또 예수님은 겟세마네 동산에서 눈물을 흘리셨고, 골고다 언덕의 십자가 위에서도 우셨다. 예수님이 잡혀가셨을 때, 멀리서 그 광경을 보고 있던 시몬 베드로는 예루살렘 시내에서 닭이 세 번 울기까지 예수님을 세 번이나 부인하고 도망하다가 결국은 비통한 울음을 터뜨리고 말았다. 예수님이 처형장으로 끌려가던 길, '비아도로사'라고 알려진 슬픔의 길을 따라가던 여인네들도 눈물을 흘리며 울면서 따라갔다.

나는 꽤 믿음이 좋다고 생각되던 크리스천들조차도 슬픔을 당한 사람에게 눈물을 흘리지 말라고 말하는 것을 보고 많이 놀랐다. 우리들이 깊은 슬픔에 잠겨있을 때 울지 않으면 도대체 언제 운단 말인가? 눈물은 하나님의 선물이다. 이를 잘 묘사하는 말씀이 성경의 시편 에 나와 있다.

"내가 탄식함으로 곤핍하여 밤마다 눈물로 내 침상을 띄우며 내 요를 적시나이다.

내 눈이 근심을 인하여 쇠하며 내 모든 대적을 인하여 어두웠나이다."

- 시편 6:6 ~ 7

부모님이 사랑하는 자녀들의 눈물의 의미를 알아차리듯이, 하늘에 계신 우리 아버지도 우리들의 눈물을 보고 우리들이 겪고 있는 슬픔을 이해하신다. 우리들의 눈물은 그 자체가 말없는 기도가 된다. 다윗은 그 의미를 이미 이해하고 있었다.

"행악하는 너희는 다 나를 떠나라. 여호와께서 내 곡성을 들으셨도다.

여호와께서 내 간구를 들으셨음이여, 여호와께서 내 기도를 받으시리로다."

- 시편 6:8 ~ 9

격한 슬픔의 초기단계에는 쏟아지는 눈물을 주체할 수 없는 법이다. 그러나 다른 때에는, 우리들은 눈물과 울음을 쏟아내야 할 적당한 때와 장소를 선택할 수도 있고, 그 속도와 양을 조절할 수도 있다. 그렇다고 이 말이 우리가 눈물을 흘려야 할 때를 언제까지나 연기해야 한다는 말은 아니다. 진실을 말하자면, 우리가 울거나 눈물을 보여서는 안 될 때와 장소가 분명히 있다는 말이다.

나의 아내 클레어는 나의 기쁨과 슬픔의 동반자였다. 배우자로서 또 때로는 가장 친한 친구로서 우리들은 서로 서로를 알아갔다. 나는 그녀의 정직한 성품과 유머가 넘치는 생활 방식을 좋아한다. 울어야 할 때와 장소에 관하여, 클레어는 친구들에게 이렇게 말했다.

"나는 종종 샤워 할 때 울곤 하지. 어쩐지 흘러내리는 따뜻한 물이 눈물을 자극하는 것 같은 생각이 들기도 해. 욕실은 그런 의미에서 소리 내서 울기에 제일 적당한 장소인 것 같아. 거기서 울면 다른 곳에서 울 때처럼 감정이 뒤죽박죽이 되지 않는 걸 느끼곤 해."

만약 우리들이 해야 할 일이 날마다 울기만 하는 것이라면 삶이란 얼마나 슬프고 허무할 것인가? 그러나 우리 삶에는 웃음이란 게 있다. 그것은 슬픔과 짝을 이루면서 우리 삶의 균형을 맞추어 준다. 이 균형자의 역할은 웃음 말고는 다른 그 어떤 것도 할 수가 없다.

웃음이라는 선물

어떤 사람들은 웃음이 슬픔의 일부라는, 약간 이상하게 들리는 주장을 하기도 한다. 그 진실은 이렇다. 즉, 웃음이란 슬픔의 과정에서 아주 중요한 역할을 하며, 그것은 슬픔을 이완시켜주는 데 큰 기여를 한다.

사람들이 보통 성경의 욥기를 고통과 고난의 기록으로만 보지만, 사실 욥기에는 웃음에 관한 기록이 시편과 함께 제일 많이 나온다. 욥기에는 일곱 번의 웃음에 관한 기록이 있다. 비록 욥기에서 기록된 웃음이라는 것이 대부분 조롱하는 투로 씌어져 있긴 하지만, 그럼에도 불구하고 성경을 통해서 성경 기록자의 빛나는 지혜를 엿 볼 수가 있다.

> "웃을 때에도 마음에 슬픔이 있고, 즐거움의 끝에도 근심이 있느니라."
>
> *- 잠언 14:13*

예수님의 가장 큰 축복의 말씀도 울음과 웃음에 관련된 것이다.

> "…이제 우는 자는 복이 있나니 너희가 웃을 것임이요."
>
> *- 누가복음 6:21*

이 축복의 말씀은 또한 구약성경의 약속과도 연결되어 있다.

빌은 어렸을 때 뇌 손상을 입었다. 엄마가 얼음판에 그만 미끄러져서 빌을 바닥에 떨어뜨리고 말았던 것이다. 그 때의 충격으로 인하여 빌은 평생 동안 심한 두뇌 장애에 시달려야만 했다. 그가 성숙해져감에 따라 그의 몸은 점점 더 뒤틀려갔다. 그의 말은 어느 누구도 알아들을 수 없을 정도로 더

듬거렸다. 그의 손과 눈은 정신의 의지와는 딴 판으로 움직였다. 그러한 모든 신체적인 장애에도 불구하고, 빌의 정신상태만은 온전했고, 그는 정상인들보다도 더 강한 의지를 갖고 있었다. 그는 타자기에 의지하여 주간잡지에 주기적으로 칼럼을 썼으며, 라디오 프로그램에도 대본을 보내 주었다. 그는 입에 연필을 물고 그것으로 타자기의 자판을 때리는 방법으로 한 자 한자 고통스럽게 써 내려갔던 것이다. 제럴드 포드 대통령은 그를 백악관의 로즈가든에 초대하여 '올해의 자랑스러운 장애인' 으로 표창하며 격려하였다. 그러나 빌은 자신의 그런 장애를 비관하여 스스로 목숨을 끊으려고 여러 번 시도하기도 하였다. 가끔 그는 화를 내며 왜 하나님이 이렇게 불공평하시냐고 항의하곤 하였다.

나는 빌이 병원에 입원했다는 소식을 전화로 전해 들었다. 내가 그의 병실에 들어갔을 때, 그는 거의 미친 듯이 웃고 있었다. 나는 전에 그가 웃는 것을 그저 가끔 보아왔을 뿐이었기에 그의 그런 행동은 내게 비정상적으로 비쳐졌다. 그의 웃음이 무슨 의미가 있는지를 파악해 보려고 했지만, 나 자신도 그 웃음에 전염되어 크게 웃지 않을 수 없었다. 거의 반 시간 가까이를 함께 웃어 대다가, 마침내 빌이 웃음을 그치고 그 사유를 말해 주었다. 자세히 주의를 집중해서 해석해 낸 그의 말은 이런 것이었다.

"나는 모든 사람들을 바보로 만들었지. 사람들은 내가 뇌손상 때문에 죽거나 아니면 자살로 삶을 마감할 거라고 생각했거든. 그렇지만 어제 내게 결장암 판정이 내려졌다네. 나는 이제 정상인들처럼 죽게 되었단 말이야."

빌의 웃음은 처음에는 우리들에게 매우 이상하게 들렸다. 왜냐하면 그의 간절한 기도는 우리들이 알기로는, 정상인들처럼 살게 해 달라는 기도였기

때문이었다. 암 판정을 받고 난 후 그가 웃을 수 있는 능력은 우리들에게 웃음과 기도의 연결고리를 잘 보여준다. 진정한 평안은 기도와 사촌간이다. 우리들은 가장 소중한 꿈을 이루기 위해서 기도한다. 그러나 더 중요한 것은 우리들이 그런 기도 중에도 웃을 수 있는 능력을 갖고 있다는 사실에 있다. 진정한 능력은 언제 어떤 상황에서도 우리들 자신을 향해서 웃을 수 있는 능력이라는 말이다.

이 책을 통해서, 나는 내가 배워왔던 슬픔이라는 메뉴 속에 웃음이라는 양념을 특별히 슬픔을 당한 사람들에게 집어넣어 주고자 노력했다. 장례식

직전에, 나는 모든 가족들을 한데 모아서 기도를 하도록 유도한다. 그럴 때면 그들에게 손수건이나 화장지를 꼭 준비하라고 당부한다. 그리고 기도 중에 고인과 관련하여 우스운 일이 생각나거든 나오는 웃음을 억지로 참으려고 하지 말라고 말해준다. 그렇게 당부하는 이유는 내가 상처치유 전문 목사로서 오랜 기간 동안 봉직해 오면서 그간의 경험에 따른 행동이다. 즉, 상실의 때에는 슬픔뿐만이 아니라 여러 가지 다른 감정들이 동반되어 나타날 수도 있다는 경험 말이다.

잭은 나의 장인어른이다. 그는 타고난 이야기꾼이며 이야기 중간 중간에 섞어서 하는 유머는 아주 재치가 넘친다. 그의 미소 띈 얼굴을 좋아하지 않는 사람은 아무도 없다. 그의 이야기는 나의 할아버지의 이야기만큼이나 다양하고 재미가 철철 넘쳐흐른다. 만성적인 심장질환으로 오랫동안 고생하다 돌아가시기 바로 전에, 장인어른과 나는 개인적인 이야기를 할 기회가 있었다. 임박한 죽음은 피할 수 없는 상황이었다.

"지금껏 여러 번 죽음 앞에 마주했지만, 이번 만큼은 도저히 피할 수 없을 것 같네."

장인어른은 당신의 하나님에 대한 믿음만큼은 추호도 흔들리지 않고 있노라고 나를 확신시켜 주었다. 그는 내가 당신의 장례식을 주관해 주기를 정식으로 요청하셨다. 이런 말을 하셨던 것으로 기억난다.

"컬크, 내 장례식을 부탁하네. 난 자네가 내 아내를 돌보아주기를 바라고 있네. 그녀는 누군가의 도움이 필요해. 만약 그렇게 해 준다면 그 은혜는 하늘나라에서도 결코 잊지 않겠네."

나는 솔직히 그런 부탁의 부담감을 지워 버릴 수 없었다. 그러나 그 일은 사위인 내가 마땅히 감당해야만 할 일이었다. 그는 두 통의 유서를 써 놓았노라고 말했다. 한 통은 죽고나서 장례식이 치러지기 전에 곧바로 읽어달라고 했다. 또 한 통은 장례식이 끝난 후에 읽어 주면 좋겠다고 했다. 그 두 통의 편지들은 장인어른의 침대 옆 서랍에 있다고 했다.

돌아가신 후 모든 가족들 앞에서 내가 첫 번째 편지를 낭독했다. 그 편지에는 구구절절이 너무나도 많은 유머와 익살이 담겨 있었다. 우리들은 그 편지를 읽는 동안, 거의 30분 넘게 배꼽을 잡고 웃었다. 그 편지는 '자, 이제 나는 떠난다.' 로 시작되고 있었다.

장례식을 위해서 우리는 장인어른이 사시던 동네의 시체안치소를 찾아갔다. 그곳에서 소나무로 된 관을 고르려고 했다. 평소에 고인은 나무를 무척 사랑하셨다.

"고를 만한 게 세 개 있지요."

그 곳의 책임자가 설명했다.

"무슨 차이가 있나요?"

맨 위쪽에 있는 관을 가리키며 그가 말했다.

"이것은 아주 최상품이지요. 그 품질을 평생 동안 보장합니다."

나는 놀라서 그에게 물었다.

"누구의 평생입니까?"

그는 잠시 더듬거렸다.

"글쎄요, 잘 모르겠는데요."

"관이 어떻게 한 평생 보장됩니까?"

"아무도 그런 식으로 물어보지는 않았거든요. 그 관을 만들은 회사에서 그렇게 설명하라고 해서.”

우리는 한 층으로 쌓여있던 세 개의 관중에서 맨 밑의 것을 선택했다.

아마도 독자 여러분들은 내가 그 관 이야기를 꺼냈을 때, 장례식장에 모인 사람들이 얼마나 웃었는지 실감이 나지 않을 것이다. 그 시체안치소 책임자의 당황하며 쩔쩔매던 모습도 말이다. 장인어른의 관은 에모리 연합감리교회의 뒷마당에 정중히 안치되었다. 교회마당에 매장한 이유는 그의 후손들이 두고두고 장인어른을 기억하기를 바라는 마음에서였다.

가족들 중에는 왜 하필이면 교회 뒷마당이냐고 소리 높여 항의하는 사람도 있었다. 형제 중, 형 한 분과 여동생 한 분이 자기는 교회에 함께 묻히기 싫으니 다른 곳에 묻어달라고 하기까지 했다. 형제간의 라이벌 의식은 죽은 후에 까지도 가는 모양이다.

장례식을 마치고 교회에 돌아와서, 나는 모든 식구들이 다 모인 자리에서 두 번째 편지를 낭독했다. 우리 모두는 궁금해서 거의 기다리지 못할 지경이었다. 그 두 번째 편지는 유가족들에게 남기는 당부의 말로 우리들 모두에게 사랑을 전하는 아주 부드러운 메시지를 담고 있었다. 특히 장모님에게 남기는 편지는 아주 절절했다. 그러나 그 속에도 예의 그 유머감각만큼은 생생하게 살아 있었다.

“여보, 당신이 나와 살면서 호사롭게 살진 못했지만, 난 나름대로 최선을 다 했다오. 만약에 당신이 새로운 남자친구를 사귀게 된다면, 별로 쓸 만 한 놈이 남아 있지도 않겠지만, 난 관 뚜껑을 깨고 무덤에서 박차고 나와 모든 것을 바로 잡을 것이오. 명심하시오!”

거기에는 더 이상의 설명은 없었다. 어떻게 장인어른이 그 두꺼운 나무

관을 깨고 또 화강암으로 된 무덤 덮개를 열고 밖으로 뒤쳐 나온다는 것인지에 대해서.

성경도 이렇게 말한다.

"마음의 즐거움은 양약이라도, 심령의 근심은 뼈로 마르게 하느니라."

- 잠언 17:22

웃음은 삶의 균형을 잡아주는 균형자이다. 자신 있게 말하건대, 웃음에는 그 어떤 역효과도 없다. 성경도 이런 사실을 확인시켜 주고 있다.

"울 때가 있고 웃을 때가 있으며, 슬퍼할 때가 있고 춤출 때가 있으며…."

- 전도서 3:4

나의 경험으로 보건대는, 슬픔은 두 가지 경우를 다 포함한다.

가족들이 모두 모여서 사랑하던 사람을 떠 올리는 것은 우리들에게 눈물뿐만이 아니라 웃음도 함께 자아내게 만든다. 바울도 교인들에게 이렇게 말했다.

"즐거워하는 자들로 함께 즐거워하고, 우는 자들로 함께 울라."

- 로마서 12:15

상실의 고통으로 인하여 슬퍼하고 있을 때에 조차도 웃을 수 있는 능력은, 하나님께서 우리들에게 주시는 큰 치유의 은사이다.

도울 수 있는 손을 주신 것

아들이 죽고 난 후 몇 달 동안, 나는 유진 피터슨이 쓴 책 《Living the Message》를 하루 몇 페이지씩 읽으면서 지냈다. 5월 24일, 아들의 생일이 되었을 때, 나는 '크리스천의 희망이 세상을 일깨운다.' 라는 장을 읽고 있었다. 그 대목은, 희망은 행동을 하도록 한다는 교훈을 생각나게 해주는 장이었다.

사람이 죽고 나면 그 주변의 사람들은 이런저런 모양으로 유가족들을 위로해 준다. 목회자도 그들 중의 한명일 뿐이다. 에릭이 죽고 나서 며느리는 결혼기념 사진을 작게 축소해서 펜던트로 목에 걸고 싶다고 했다. 그녀는 우리들의 오랜 친구이자 친척이 경영하는 시내의 보석상에 갔다. 그들 부부는 준에게 아름다운 펜던트를 만들어 주었을 뿐 아니라 예쁜 목걸이 줄도 골라 주었다. 며느리 준은 한껏 들떠서 그 목걸이를 목에 걸고 집에 왔다. 펜던트 뒤에는 글자도 새겨져 있었다.

"나는 당신이 이야기하는 것을 들어요."

사람이 죽고 나면, 그것이 갑작스러운 것이건 또는 예상했던 죽음이건, 그 뒤에 해야 할 일이 많이 있게 마련이다. 친구들은 찾아와서 '내가 무엇을 도와줄까?' 라고 묻곤 한다. 실제로 친구들은 가족들만큼이나 실질적으로 많은 도움이 되기도 한다. 법률적인 문제를 도와주기도 하고 방명록에 방문한 사람들이나 전화로 애도를 표해준 사람들의 이름을 적는 일을 맡아 주기도 한다. 꽃이나 화환을 보낸 사람들의 이름을 적기도 한다. 음식을 장만해 온 사람들의 이름을 그들이 가지고 온 접시에 일일이 적어서 테이프로 붙여 놓기도 한다. 그러면 유가족들은 그들의 그런 도움으로 인해 큰 힘을 얻게 된다. 때때로 그들은 유가족들을 슬픔에서 잠시 동안이나마 벗어나 먹고 잘 수 있도록, 그래서 다시 기운을 차릴 수 있도록 옆에서 돕기도 한다.

아내 클레어와 나는 세 번의 큰 상실을 경험했다. 장모님의 장례식과 에릭의 죽음과 또 나의 아버지의 돌아가신 것이 그 세 가지 큰 상실이다. 내가 지금도 항상 고마워하고 있는친구는 내가 그런 큰일을 당하자마자 언제나 제일 먼저 위로의 편지를 보내준 친구이다. 나는 아직도 그의 따뜻한 메시지를 잊을 수가 없다.

우리 교회에는 솜씨가 아주 훌륭한 남자들이 몇 명 있다. 그들은 모두 은퇴한 목수나 직공들로 동네 사람들 중에 중풍이나 거동이 불편하게 된 사람들이 있으면 그들을 위해서 자발적으로 휠체어가 다닐 수 있게 집의 여러 곳을 수리해 주기도 한다. 휠체어용 램프를 만들어 주고 집안에서 지내기 불편하지 않도록 안락의자를 만들어 주기도 한다. 그들은 출입문을 넓혀주기도 하며, 휠체어에 앉아서도 조리가 가능하도록 주방시설을 개조해 주기도한다.

거동이 불편한 환자가 살아 있을 때는, 휠체어 램프는 그가, 또는 그녀가, 살아 있음을 보여주는 하나의 상징물이 된다. 그러나 죽고 나면, 그것은 가족들에게 더 이상 고인이 물리적인 장벽에 가로 막힘이 없이 자유롭게 되었다는 상징물로 비쳐지기도 한다. 장례식이 끝나고 나면, 가족들의 요청에 따라 그 모든 것들은 다시 원상복구 된다. 교회에 그런 자원봉사자들이 있다는 것은 정말 크나 큰 축복이다. 더군다나 그들이 노력과 물질을 전혀 아끼지 않고 기꺼이 도와주는 것을 보는 건 정말 목회자로서 큰 행운이 아닐 수 없다.

또 다른 사랑의 표시는 크리스티에게 해야 되겠다. 따뜻한 양지바른 곳에 휠체어에 앉아 산들바람을 즐기고 있는 그녀의 모습은 정말 아름다움 그 자체이다. 우리 모두는 그녀의 그 마지막 장면을 기억한다. 그녀는 정말 경이의 대상이다. 그녀는 사우스캐럴라이나의 귀머거리와 장님들을 위한 장애인 학교의 교사로 올 해 53세이다. 지난 수십 년 동안 그녀는 몸이 불편한 아이들이 그들의 신체적인 장애를 극복하는 데 많은 도움을 주어왔다. 그녀는 우리 교회의 성가대원이다. 그녀는 수화를 할 줄 알기 때문에, 종종 교회에서 나의 설교를 수화로 전달해 주는 역할도 하고 있다. 가끔 그녀는 앞치마를 두르고 교회 주방에서 봉사도 한다. 크리스티는 한마디로 봉사자의 기질을 타고 난 여성이다.

한참 봉사를 하고 있을 때 돌연 그녀에게 암 판정이 내려졌다. 그 후 5년 간 그녀는 열심히 암과 싸웠다. 그녀가 죽기 얼마 전에 이렇게 말했다.

"나는 집에 현관이 있었으면 좋겠어. 비가오면 현관에 휠체어를 대고 떨어지는 빗방울을 바라볼 수 있는 곳, 바람이 불면 현관에서 그 산들바람을 느낄 수 있는 곳, 따뜻한 봄날에는 그곳에서 햇볕을 쪼일 수 있는 곳 말이야."

그녀의 학교 동료들이 그 말을 주의 깊게 듣고 우리 교회에 그대로 전달해 주었다. 많은 사람들이 그 일에 동참했다. 어떤 이들은 돈을 보냈고 어떤 이들은 근로봉사를 했다. 마침내 모두의 노력으로 그녀의 집 입구에 근사한 현관이 완성되었다. 그것은 모두의 사랑의 결실이었다. 병원의 암 병동을 찾아가서 나는그녀에게 삶과 죽음의 신비에 대해서 물어보았다. 그녀는 이렇게 말하며 쓸쓸히 웃었다.

"내가 그 현관에 앉아 있어 보기도 전에 천사들이 나를 데리러 올까 봐 걱정이에요."

내가 말했다.

"만약 그렇게 된다면, 그들에게 이렇게 부탁해 보세요. 내게 날개를 달라고요."

크리스티는 그녀의 집 현관에 딱 한 번 밖에 앉아보지 못했다. 그건 정말 불행한 일이었다.

슬픔은 사람의 진을 빼는, 그야말로아주 소모적인 경험이다. 의사인 누가는 제자들이 겟세마네 동산에서 기도 중 잠들었던 장면을 동정어린 언어로 묘사하고 있다.

"기도 후에 일어나 제자들에게 가서 슬픔을 인하여 잠든 것을 보시고…"

- 누가복음 22:45 4

슬픔으로 인한 피로는 사람의 몸을 쇠약하게 만든다. 슬픔의 초기단계에, 우리들은 평상시의 냉정함을 잃고 정상적인 일을 할 수가 없게 된다. 사랑하던 딸을 잃은 아버지가 어느 날 내게 이렇게 말했다.

"양말을 신는데 한 시간은 걸렸지요."

우리들의 몸이 마비된 것 같고 천천히 움직이는 것 같은 느낌은 우리들

의 마음에 과다한 부하(負荷)가 걸리기 때문이다. 즉, 우리의 두뇌가 순간적인 충격으로 비정상적인 상태로 변해버린 우리의 마음을 정상적인 상태로 되돌려 놓으려고 하는 데 지나치게 많은 에너지를 소모한 때문이라는 말이다.

남편을 잃은 여인이 내게 와서 이렇게 말했다.

"그는 나의 삶의 거의 모든 것이었죠. 내가 어떻게 그 사람 없이 살 수 있겠어요?"

나는 그녀에게 이렇게 충고해 주었다.

"지금이야말로 자녀들과 손자손녀들에게 더 많은 사랑을 베풀 때입니다. 그들을 가르치는 데 더 많은 신경을 쓰세요. 그리고 그들에게 크리스천들이라면 어떻게 이런 슬픔을 슬기롭게 잘 극복하고 충만한 삶을 사는지를 보여주세요."

다른 사람들 앞에서 단 한 걸음도 옮기기 힘들지라도, 우리 믿는 사람들은 하나님의 말씀을 의지하며 힘을 내야만 한다.

"오직 여호와를 앙망하는 자는 새 힘을 얻으리니, 독수리의 날개 치며 올라감 같을 것이요. 달음박질하여도 곤비치 아니하겠고, 걸어가도 피곤치 아니하리로다."

- 이사야 40:31

《죽음의 수용소에서》라는 책에서 저자인 빅터 프랭클은 자신이 어떻게 그 혹독한 나치의 포로수용소에서 삶의 의미를 찾아내려고 노력했는지에 대해서 이야기하고 있다. 비록 의사였지만, 그는 수용소의 환자들에게 약도 줄 수 없었고 다른 의료 시술도 해 줄 수 없었다.

　그는 곁에 서서 그들의 이를 잡아주고 더러운 걸레로 그들의 뜨거운 몸을 문질러줄 뿐이었다. 그는 자신의 고통 속에서도, 다른 동료 수감자들에게 위안을 주면서 삶의 의미를 찾았던 것이다.

　사랑하던 사람을 중환자실에 두어 본 사람이라면 누구나, 중환자실에는 두 개의 다른 중환자 구역이 있다는 사실에 쉽게 동의할 것이다. 그 하나는 중환자실 구역 내에 의료진 이외에는 다른 어떤 사람들의 출입도 허용되지 않는, 의미 그대로의 중환자실이 있다. 또 다른 하나는 그 입구에 있는 중환자들의 대기실이다. 이곳은 그 가족들이 오랜 시간 동안을 환자의 상태를 초조하게 기다리며 간절한 마음으로 기도하고 있는 곳이다. 이곳에 있는 사람들은 사람의 생명이란 게 얼마나 연약한 것인가를 새삼 느끼며, 비록 낯선 사람일지라도 단지 똑같은 상황에 처해 있다는 사실 때문에, 쉽게 동료의식을 갖게 되며 친밀감을 느끼게 된다.

제 7 장

슬픔 속에서도 희망을

나의 선생님이셨던 웨인 오츠 박사는 가끔 이렇게 말씀하시곤 했다.

"희망이란 말을 정의하려는 노력은 마치 젤리를 벽에 못 박으려는 것처럼 미친 짓이야."

사도 바울도 자신이 고난의 절정에 있을 때 이렇게 고백했다.

"우리가 소망을 구원으로 얻었으매 보이는 소망이 소망이 아니니, 보는 것을 누가 바라리요. 만일 우리가 보지 못하는 것을 바라면 참음으로 기다릴지니라."

- 로마서 8:24~25

슬픔을 개인적으로 겪어 본 사람이라면 누구나 '보이지 않는 희망을 품고 그 때가 올 때까지 기다린다.'는 사도 바울의 그런 고백이 얼마나 어려운 일인지를 짐작할 것이다. 쉰 세 살 먹은 아내를 잃은 어떤 남자가 내게 자신의 심정을 이렇게 고백했다.

"기독교인으로서 희망을 가져야 된다는 거 잘 알아요. 그렇지만 정말 이 세상에 희망이란 게 있습니까?"

여기에 대한 대답은 사도 바울의 교훈에서 찾아야 할 것 같다.

"형제들아, 자는 자들에 관하여는 너희가 알지 못함을 우리가 원치 아니하노니, 이는 소망없는 다른 이와 같이 슬퍼하지 않게 하려 함이라."

- 데살로니가 전서 4:13

배우자를, 가족을, 친척을 또는 친구를 잃은 슬픔의 외중에서 희망을 가질 수 있다는 사실은 분명 축복임에 틀림없다.

슬픔과 희망의 색깔

슬픔은 여러 가지 색으로 묘사될 수 있다. 뇌종양으로 부인을 잃은 사진 사가 내게 말했다.

"나는 흑백의 세계에서 살고 있지요. 거기에 다른 색은 없어요. 단지 회색의 중간지대 만이 있을 뿐이랍니다."

1901년부터 1904년까지 파블로 피카소는 그의 모든 그림들을 푸른색을 바탕으로 깔고 그렸다. 이 '푸른색의 시기' 에 그의 그림의 주제는 고독, 고통, 가난 그리고 사회로부터의 소외였다. 이때에, 피카소는 거의 빈털터리였으며, 물감을 살 돈조차도 없었다고 전해진다. 확실히 '푸른 그림' 의 시대는 그의 인생에서 슬픈 시기였음에 틀림없다.

사람들이 절망에 빠지면, 그들은 그런 감정을 종종 푸른색으로 표시하곤 한다. 음악의 거의 모든 장르라고 할 수 있는, 우리가 보통 블루스(Blues)라고 하는 음악은 대부분 슬픔을 주제로 한 곡들이다.

방주 속에 있던 노아를 생각해 보라. 비는 그쳤지만 하늘은 여전히 구름을 잔뜩 머금은 채로 다섯 달 동안을 그렇게 있었다. 짐승들과 새의 소음과 냄새는 견디기 어려웠을 것이다. 그의 앞에 펼쳐진 물만이 가득한 세상은 그에게 절망만을 안겨 주었을 것이다. 말로 표현할 수 없는 죽음에 대한 두려움이 그의 가슴 속에 홍수처럼 밀려들었을 것이다.

희망의 불씨를 지피기 위해서, 노아는 까마귀를 육지를 향해 날려 보냈다. 그 새는 돌아오지 않았다. 다시 이번에는 비둘기를 날려 보냈다. 비둘기는 쉴 곳을 찾지 못하고 노아에게로 다시 돌아 왔다. 여기에서 포기하지 않

고 노아는 그 비둘기를 다시 세상 밖으로 날려 보냈다. 그날 저녁 비둘기는 올리브 나무 잎사귀를 물고 돌아 왔다. 마침내 희망을 발견한 것이다. 그는 손을 뻗어서 비둘기가 물고 온 푸른 잎사귀를 만져 보았다. 큰 선물은 아니었지만, 그건 분명 희망의 작은 가지였던 것이다. 희망이 없는 회색의 세상에서 600년을 산 노인에게 희망을 주기에 충분한 초록색의 작은 가지였던 것이다. 그 가지는 그에게 기쁨의 눈물을 선사했다.

마침내 방주가 희망의 땅에 도착하고 모든 동물들이 각기 자기의 자리로 돌아갔을때, 노아는 하나님을 경배하며 감사의 기도를 드렸다. 그러자 회색 하늘이 걷히고 마침내 태양이 나타났다. 처음으로 노아는 희망의 색깔을 보게 된 것이다. 그것은 찬란한 일곱 색깔 무지개였다!

　회색 하늘 밑의 무덤가에서 슬픔을 당한 가족들과 함께 한 적이 여러 번 있었다. 그럴 때마다 하나님은 그 우중충한 하늘 속에서도 눈부신 태양을 내보내 주시었다. 그리고 찬란한 무지개를 보여 주셨다. 비록 잠시 동안만 있다가 곧 사라지는 무지개지만, 그건 분명 하나님께서 슬픔을 당한 사람들에게 보내주시는 희망의 상징임이 분명한 것이다.

희망의 상징들

희망이란 정의하기가 어렵기 때문에, 그 어떤 것이 됐건 희망의 상징이란 슬픔을 당하고 있는 사람들에게 매우 의미가 있을 것이다.

이 책의 제1장에서 말했지만, 에릭이 죽었을 때 무덤가에 흰 눈이 내렸다는 사실은 우리 가족들 모두에게 큰 위안이 되었다. 사우스캐럴라이나 주에서는 11월에 내리는 눈은 행운을 가져다 준다는 생각들을 많이 한다. 주민들의 이런 사고는 눈이 지겹도록 내리는 다른 지방 사람들의 입장에서 보면 이상하게 생각될 것이다.

아들의 죽음 후에 맞이한 첫 번째 봄과 여름에는 집 정원에 파랑새가 찾아 왔는데, 그것 또한 매우 드문 현상으로 우리 가족들에게는 크나 큰 기쁨이 되었고 무언가 새로운 희망을 품게 해 주었다. 새들은 자주 희망의 상징물로 간주되곤 한다. 에밀리 디킨슨도 이렇게 썼다.

"희망이란 영혼위에 살짝 내려앉은 새의 깃털과도 같은 것.
그리고 말없이 노래하며, 결코 그 노래를 그치지 않는다네."

디킨슨은 언어의 마술사이다. 그는 어떻게 새와 희망을 연결할 수 있었을까?

샐리 미들턴은 노스캐럴라이나의 자연주의 화가이다. 내가 처음 그녀의 그림을 접했을 때, 나는 그녀의 그림이 온통 푸른색의 어치 새(우리나라 산에서 흔히 볼 수 있는 황갈색 등과 검고 흰 색이 있는 날개를 가진 새이다. 때까치와도 비슷

하며 '산 까치' 라고도 불린다. 참새 목(目) 까마귀 과(科)로 학명은 Garrulus Plandarius이다. – 옮긴이) 깃털로 덮여 있음을 알 수 있었다. 분명 그녀의 그림 속에는 무슨 사연이 있었음에 틀림없다. 세계 어느 곳에서 발행된 조류도감(鳥類圖鑑)을 보더라도 어치 새는 별로 좋은 상징으로 대접 받지는 못한다. 전설에 의하면, 그 놈은 매주 금요일이 되면 악마에게 막대기를 갖다 주는데, 악마는 그 막대기로 지옥불이 꺼지지 않게 불을 지핀다는 것이다. 나는 이상하게 생각했다. 도대체 왜 샐리는 어치 새의 푸른 색 날개만을 그렸을까?

그 이유를 나중에야 알게 되었다. 어느 우중충한 날에, 샐리는 노스 캐럴라이나의 애쉬빌 근처 숲 속을 거닐고 있었다. 그녀의 머릿속은 온통 가족들의 이런 저런 문제와 금전적인 걱정으로 가득 차 있었다. 그녀가 숲 속을 걸을 때, 위에서 어치 새의 푸른 깃털이 하늘거리며 그녀의 앞으로 떨어졌다. 그녀는 그것을 손바닥에 받아들고는, 하나님께서 희망을 품으라는 사인으로 내려 보내 주신 것이라고 생각했다. 그날부터, 그녀에게는 어치 새의 푸른 깃털은 희망의 상징이 되었던 것이다.

그 몇 달 전에, 나는 물에 빠져 죽은 고등학생의 장례예배를 맡아 달라는 부탁을 받았다. 그의 죽음은 그의 가족들, 특별히 부모에게는 말할 수 없는 고통이었다. 그 죽은 학생이 수영선수라는 사실은 더 큰 충격을 안겨 주었다. 장례식이 치러지는 감리교회 앞마당은 죽은 학생의 친구들, 선생님들, 친척들로 가득 메워져 있었다. 시체는 화장하여서 죽은 학생이 평소에 즐겨가던 캠핑장 근처에 묻기로 했다. 나는 하관예배를 주관하기 위해서 가족들과 몇몇 아주 친한 친구들과 함께 호수가 근처의 묘지로 향했다. 그날 내내, 나는 그 부모와 형제자매들, 그리고 친척들에게 뭔가 희망의 상징이

될 만한 것이 없을까 하고 골똘히 생각했다. 숲 속으로 깊이 걸어 들어가자, 어치 새의 깃털을 서너 개 볼 수 있었다. 나는 그 중 두어 개를 집어 들어서 내 성경책 속에 끼워 두었다. 장지에 도착해서 보니 유골을 담은 나무 단지를 옆에 두고 인부들 몇 명이 열심히 땅을 파고 있었다. 무덤의 한가운데에는 그곳이 무덤의 중심이라는 표식으로 삽이 꽂혀 있었다.

나는 로마서 8장을 읽으면서 하관예배를 시작했다.

"우리가 소망으로 구원을 얻었으매 보이는 소망이 소망이 아니니 보는 것을 누가 바라리요. 만일 우리가 보지 못하는 것을 바라면 참음으로 기다릴지니라."

- 로마서 8:24 ~ 25

설교 중에 나는 샐리 미들턴의 이야기를 들려주었다. 그리고 성경 책갈피 속에 간직했던 깃털을 꺼내어 어머니와 아버지에게 하나씩 주면서 이렇게 말했다.

"이것이 그 희망의 상징입니다."

모두가 함께 마침 기도를 하고 내가 축도를 마쳤을 때, 마치 거짓말처럼 푸른색의 어치새 한 마리가 날아와서 우리들 위를 한 바퀴돌더니 무덤 저편의 나뭇가지 위에 앉았다. 그 순간 슬픈 얼굴로 눈물을 흘리던 모든 사람들의 얼굴에 신성하고 엄숙한 표정들이 나타났다. 모두가 숨을 죽이고 있었다. 푸른 어치 새 조차도. 그 순간은 정말 경이로움, 그 자체였다.

그 주말에, 죽은 학생의 어머니가 무덤가에 꽃을 가지고 갔다. 그녀가 자기의 친구와 함께 무덤가에 서서 울고 있을 때, 어치 새 한 마리가 날아오더니 그녀의 어깨에 앉았다. 잠시 한 순간이 지나자 곧 그 새는 날아가 버렸다. 나중에 그 산을 관리하는 캠프의 책임자가 어치 새의 행동에 대한 그럴 듯한 설명을 해주었다. 여름 내내, 캠프의 직원들은 어치 새 뿐만이 아니라 산에 있는 야생 동식물들을 위해서 먹이를 뿌려 준다는 것이다. 캠핑 시즌이 끝나면, 새들은 사람들을 두려워하지 않게 되고, 사람들을 보면 땅콩을 달라는 표시로 사람들의 어깨에도 앉는다는 설명이었다. 비록 캠프 책임자의 설명이 합리적이긴 했지만, 그 부모는 어치 새의 푸른 깃털을 희망의 상징으로 변함없이 간직하고 있다고 했다.

희망을 꽃피우기

산상설교에서, 예수님은 제자들에게 근심걱정을 어떻게 다루어야 하는 지에 대해서 말씀하셨다. 이 큰 스승님은 공중의 새와 들의 꽃에 주의를 집 중하라고 가르친다. 예수님은 제자들에게 공중의 새가 어떻게 먹고 살아가 는지를 보라고 하셨다. 또 들의 백합이 어떻게 자라는지도 보라고 하셨다. 새들과 마찬가지로, 꽃들 역시 슬퍼하는 사람들에겐 희망의 상징이 될 수 있다는 것이다.

지네는 매우 다정다감한 친구로서 사우스캐럴라이나의 체로키 카운티 에 있는 농장에서 성장했다. 중소기업으로 성공한 그는 농장의 옛집 근처 에 새로 근사한 집을 짓기에 이른다.

새 집 주위를 빙 둘러 테라스를 만들었고, 군데군데에 멋진 흔들의자도 놓았다. 그의 집 왼쪽에는 넓은 목장이 있고 언덕 꼭대기 오른쪽에는 그가 살던 옛집이 있다. 봄이 되면 온 들판에는 노란 색의 나팔수선화가 가득 피 어난다. 그 꽃들은 옛날에 지네의 어머니가 심어 놓으신 것들이다. 나팔수 선화는 해가 갈수록 자기 스스로 번져서 이제는 그의 옛집뿐만이 아니라 그 의 새 집 근처까지 온 들판을 뒤덮고 있다. 그 꽃들은 2월 말부터 4월초까지 그렇게 흐드러지게 피어 있어서 보는 사람들을 즐겁게 하곤 한다.

몇 달 동안 아픈가 싶더니, 지네는 그 이후 아주 심각한 중병에 들고 말았 다. 그의 병명은 아주 무서운 속도로 번지는 희귀한 암의 일종이었다. 그의 죽음은 우리들 모두가 예상하던 것보다도 훨씬 더 빨리 찾아왔다. 머지않

아 죽으리라고 예상은 했지만, 그의 갑작스런 죽음은 충격, 그 이상으로 우리들 모두를 혼란에 빠뜨렸다.

아주 따뜻하고 밝은 햇살이 비치는 3월 중순의 어느 일요일 오후, 그가 죽기 며칠전 이었다. 그는 자기를 나팔수선화들이 가장 잘 보이는 언덕으로 데려가 달라고 했다. 우리들은 지네를 휠체어에 태우고 목장 길을 따라서 언덕 위로 올라갔다. 그는 언덕 위에서 잠시 노란색 들판을 응시했다. 나팔수선화들은 봄바람에 산들산들 흔들리고 있었다.

그로부터 3일 후, 수요일에 지네는 그렇게 세상을 떠났다. 그의 아들들과 손자손녀들은 들판에서 꺾은 나팔수선화를 한 아름씩 안고 와서 그의 관 위에 쌓았다. 그 꽃들은 들판 여기저기에 피어있던 것들이었다. 노란 나팔수선화는 지네의 가족들에게는 희망의 상징이었다. 꽃들도 찬란한 무지개만큼이나, 또는 밝은 색칠을 한 새의 출현만큼이나 우리들에게 놀라움의 대상이 될 수도 있다.

젊은 아기 엄마가 그저 통상적인 수술을 받다가 별안간 죽고 말았다. 10월의 밝고 화창한 날씨는 그녀의 남편에게는 차라리 고문이었다. 어느 날 아침, 그가 개와 함께 산책을 하려고 막 마당에 나서는데 푸른 색깔의 붓꽃이 꽃밭에 피어있는 것을 보았다. 아내가 심은 그 붓꽃은 통상 봄에 피는 꽃이었다. 10월에 붓꽃이라니! 남편은 그렇게 아내를 생각하면서 잠시 동안을 멍하니 그 꽃만 바라보고 있었다. 그는 그 꽃 한 송이를 꺾어서 꽃병에 담아 교회 강대상 위에 올려놓았다. 붓꽃은 그에게는 아내의 부활의 상징이었다.

에릭의 장례식을 마친 그날 우리는 눈이 1인치 가까이나 쌓인 것을 보고 모두가 즐거워했다. 그 다음 날 나는 그때 정원을 거닐다가 문득 나의 눈을 의심했다. 주홍빛의 바이올렛 한 송이가 눈 속에서 고개를 들고 있는 것이었다. 바이올렛은 계절과는 무관하게 핀다. 그러나 그날 그 꽃은 내게 희망을 가지라고 속삭이며 서 있는 것 같았다. 나는 그것을 보고 하나님의 부드러운 손길을 느꼈다. 하나님의 한없이 크고 넓으신 자비의 손길 말이다.

희망의 상징들은 우리들 주변에 널려있다. 단, 우리들이 볼 눈이 있고 또 들을 귀가있다면 말이다.

세상은 밝고 아름답다

오직 창조주 하나님 한 분만이 외부적인 희망의 상징들의 가능성을 제한하실 수 있다.

성경 전체를 잘 살펴보면, 우리는 밤하늘의 별, 사막의 모래알, 타오르는 가시덤불, 손 모양을 한 구름과 같은 것들이 모두 희망의 상징이 되곤 했다는 사실을 깨닫게 된다. 성경에서도 그랬듯이 현실의 삶을 통하여도, 천사들은 언제나 우리들에게 희망과 위안을 가져다 주었다.

지난 40년간의 목회생활을 통하여, 나는 상실을 당한 사람들은 아주 작은 것으로부터도 희망을 발견하려고 한다는 사실을 배웠다. 그런 태도는 '이 세상은 밝고 아름답다.' 또는 '세상은 그래도 살만 한 가치가 있다.' 라는 말과도 일치한다. 지난 여러 해 동안 나는 무덤가에서 슬픔에 젖어있는 가족들과 함께 했다. 무당벌레가 내 양복 옷깃에, 마치 장식품인양 앉아 있을 때도 있었다. 벌새의 윙윙거리는 소리에 잠시 아주 짧은 순간이었지만, 설교를 중단한 적도 있었다. 벌들이 관위의 꽃에서 나는 향기를 맡으려고 몰려드는 광경을 물끄러미 쳐다 본 적도 있었다. 나비들과 꿀벌들은 무덤 주위에 서서 애도하고 있는 유가족들에게 가장 흔한 방문객들이다.

내 기억속에 가장 강하게 남는 장례식은 어떤 여성의 장례식이었는데, 그녀의 유가족들은 노스 캐럴라이나의 온 집안을 나비로 가득 채웠다. 그녀는 생전에 자기 집 정원의 주제를 '날아다니는 꽃들' 이라고 정했다. 그리고는 그 주제에 걸맞게 온갖 나비들을 끌어들이려고 나비들이 좋아하는 꽃들만을 가득 심었다.

오랜 투병생활 속에서도 유난히 꽃과 나비를 좋아했던 그녀의 장례식을, 그녀가 생전에 그렇게도 좋아했던 꽃과 나비로만 장식했다는 것은 어찌 보면 당연한 일인지도 몰랐다. 종이로 만든 꽃을 보낸 친구들도 있었고, 실크로 만든 나비를 보낸 친척들도 있었다. 우리들은 모두 모여서 찬송가 '참 아름다워라' 를 노래했다. 가족 중의 한 명이 '주 하나님 지으신 모든 세계' 라는 노래를 독창했다. 나는 유가족들을 위로하는 말로, 나비는 크리스천들에게는 부활의 상징이라고 말해 주었다.

꽤 높은 산 중턱에 자리 잡은 그녀의 무덤에서 우리들이 매장예배를 드릴 때, 아주 놀라운 일이 발생했다. 큰 호랑나비 한 마리가 날개를 펄럭이며 차양 밑으로 들어와서 바로 내가 성경을 펴들고 있는 내 손위에, 아주 잠시 동안 앉았다. 그 순간은 무척 짧았지만 모두가 신비로운 눈으로 쳐다보았다. 그 나비는 마치 성경의 책갈피에 끼워져 있는 북마크를 연상케 했다. 그 짧은 순간에 우리는 하나님의 임재를 체험했다. 나는 즉흥적으로 찬송가 '나 같은죄인 살리신' 을 노래하자고 제안했다. 그건 원래 순서에 없던 곡이었다. 당신은 그 순간이 그녀의 유가족들에게 어떤 의미가 있었는지를 충분히 짐작하고도 남을 것이다.

이 예상치 않은 외부의 상징물은 그 가족들에게 말로 할 수 없는 큰 위로와 격려가 되었다. 이 아주 단순한 사건은 우리들에게 하나님의 창조섭리의 위대함을 다시 한 번 일깨워 준 계기가 되었다. 어떠한 창조물이든지 그것들은 고통을 당하고 있는 우리 인간들에게 모두가 위안이 될 수 있다는 아주 평범한 진리 말이다.

그럼에도 불구하고, 우리 믿는 사람들의 최종적인 목표는 영생에 있다.

영원한 삶

두 명의 신학생이 사우스캐럴라이나의 선교 기관에 여름 방학기간 동안 일자리를 얻었다. 그들은 가가호호를 방문하며 전도를 했다. 어느 무더운 여름 날, 그들은 페인트칠 조차도 되지 않은 어느 허름한 시골집을 방문하게 되었다. 마당에서는 아이들과 개들과 닭들이 하나가 되어서 뛰놀고 있었다. 집 안을 들여다보니 마루 위에 아주 초라한 여인이 네발로 기어다니고 있었다.

그들은 대문을 두드렸다. 그녀는 네 발로 기어 다니던 자세 그대로 그들을 쳐다보았다. 피곤과 가난에 찌든 여인은 머리칼을 뒤로 제치고 주름 잡힌 얼굴로 그들에게 물었다.

"무얼 도와 드릴까요?"

신학생 중 한 명이 대답했다.

"우리들은 당신에게 영생을 얻을 수 있는 길을 알려 드리려고 이곳을 왔습니다."

그녀는 이마에 흐르는 땀을 닦은 뒤 이렇게 말했다.

"필요 없어요. 두 발로 서지도 못하는 내게 더 이상 무슨 삶이 필요합니까?"

만약 영생이 단지 지금 삶의 연장이라면, 그건 별로 좋은 소식이 아닐 수도 있다. 성경에서 말하는 영생이란 단지 삶의 연장만을 의미하는 것이 아니라, 보다 더 좋은 삶을 의미하는 것이다. 영생이란 죽음 이후의 삶만을 의미하지도 않는다. 그것은 지금 이 지구상의 삶에서부터 예수님과의 관계를 의미한다. 예수님은 이렇게 가르치셨다.

> "도적이 오는 것은 도적질하고 죽이고 멸망시키려는 것뿐이요. 내가 온 것은 양으로 생명을 얻게 하고, 더 풍성히 얻게 하려는 것이라."
>
> - 요한복음 10:10

영생에 관한 기독교인들의 희망은 삶의 양 뿐만이 아니라 삶의 질과도 관계가 있는 것이다. 슬픔을 겪고 있는 크리스천들이라면 천국에 관한 소망만이 아니라, 물론 천국의 소망도 분명 포함하긴 하지만, 그 이상의 더 숭고한 그 무엇인가를 품고 살아야 한다. 그 소망이란 지금 현재 우리들의 삶을 통해서 이루어진다. 즉, 지금 살아있는 매 순간 순간이 천국이라고도 할 수 있다.

그럼에도 불구하고 우리 기독교인들은, 우리들의 궁극적인 목표를 하늘나라에 두고 살아가야만 한다.

하늘의 소망

우리들은 사실 천국에 대해서 별로 아는 게 없다. 천국이 어떤 곳인가 하고 상상을 하게 되면, 우리들은 곧바로 시간과 공간이라는 현실의 벽에 부닥치게 된다. 그래서 나는 슬픔을 겪고 있는 사람들에게 그들의 상상력을 활용하여 천국을 그려보기를 권한다.

장례예배를 집전할 때면 언제나, 나는 그것이 가능한 한 개인적인 것이 되도록 노력한다. 예를 들어 고인이 골프를 좋아하던 사람이었다면, 나는 조문객들에게 마스터스골프대회가 열리는 어거스타 내셔널골프클럽의 18번 홀을 상상해 보라고 권한다. 진달래와 철쭉이 사방에 흐드러지게 피어 있다. 수많은 갤러리들이 환호하고 있다. 고인이 낚시광이었다면, 천국은 송어들이 날뛰는 큰 냇가라고 말한다. 확실히 천국은 많은 소설이나 영화가 묘사하듯이 그렇게 강물이 흐르고 꽃들이 만발한 그런 곳일 것이다. 당뇨병으로 오랫동안 고생하다 세상을 떠난 사람이라면, 천국은 분명 딸기와 바나나 푸딩이 멋지게 장식된 맛있는 케이크와 온갖 요리들이 가득 차려진 식탁 테이블과도 같을 것이다.

책의 앞부분에서 이야기 했듯이, 아들 에릭의 장례식날 눈이 내리는 것을 본 아내는 이렇게 말했다.

"나는 에릭이 하나님께 이렇게 말하고 있는 것 같아요. '하나님 아버지, 오늘이 우리 가족에게는 견디기 어려운 날이겠지요. 우리 가족들에게 큰 위로가 될 만한 것이 없을까요?' 그래서 하나님이 에릭의 부탁을 들어 주시느라고 흰 눈을 내려 주시는 거라고요."

어떤 사람들은 이런 식으로 하나님을 생각하는 건 잘못이라고 지적을 할지도 모르겠다.

상상이라는 건 너무나도 판타지에 가깝고 엄격한 신학과는 거리가 먼 것도 사실이다. 요한이 기록한 요한계시록은 순전히 요한의 환상이요, 비전이라는 걸 명심하기 바란다. 어느 주일 날 아침, 밧모 섬에서 유배되어 있을 때, 파도를 바라보며 바닷바람을 맞으면서, 요한은 자신이 갖고 있던 천국에 관한 비전을 성령님의 역사를 통해 계시 받았다. 한편으로는, 요한계시록이 희망의 언어로 가득 채워진 책이라는 사실도 우리가 기억해야만 한다.

나는 설교 때 늙은 구두닦이의 이야기를 즐겨한다. 그는 언제나 성경을 옆에 끼고 살았다. 어느 날 대학교수가 그의 의자에 앉았다. 구두를 닦으려고 발을 올려놓는데 이 구두닦이 노인이 옆에 요한계시록을 펼쳐놓고 있는 게 아닌가? 노 교수는 열심히 머리를 숙이고 구두를 닦고 있는 노인에게 말을 걸었다.

"지금 읽고 있는 게 요한계시록입니까?"

"네, 그렇습니다, 손님."

"그 내용을 이해하면서 읽는 거요?"

"아, 네, 이해하다 뿐입니까요."

교수는 잠시 할 말을 잃었다. 그리고 다시 그 구두닦이 노인을 몰아세웠다.

"그건 불가능할 텐데… 내가 알기로는 요한계시록의 내용은 난해하기로 유명해서 성서학자들 간에도 수백 년 간이나 논쟁이 그치지 않은 걸로 알고 있는데."

"선생님, 전 그 내용을 알고 있습니다요."

"그렇다면 말해보시오. 그 내용이 무엇이오?"

"그 내용은 하나님께서 결국은 승리하신다는 거죠."

상상력이란 선물은, 지난 수천 년 간의 기독교 역사를 통하여 성경에 도도히 흐르고 있는 핵심사상에 이르는 길로 우리들을 안내해주고 있다. 즉, '그리스도는 승리한다.' 는 중심사상 말이다.

예수님께서 돌아가시기 전 날 밤, 제자들과 유월절 떡을 떼시면서, 이렇게 말씀하셨다.

"… 내가 너희를 위하여 처소를 예비하러 가노니, 가서 너희를 위하여 처소를 예비하면 내가 다시 와서 너희를 내게로 영접하여 나 있는 곳에 너희도 있게 하리라."

- 요한복음 14:2 ~ 3

예수님은 천국을 우리들의 도착을 위해 준비해 놓은 특별한 장소라고 정의하셨다. 더 중요한 사실은, 우리들은 예수님과 함께 그곳에 있을 것이란 점이다.

천국에 대한 소망은 평화롭고 아름다운 장소를 기대하는 것 이상의 그 무엇이다. 이 궁극적인 희망은 우리들과 하나님 아버지와의 친밀한 관계를 동반하고 있다. 사도 바울도 그 때가 되면 우리들이 천국에 대해서 확실하게 알게 될 것이라고 말한다.

"우리가 이제는 거울로 보는 것같이 희미하나, 그 때에는 얼굴과 얼굴을 대하

여 볼 것이요. 이제는 내가 부분적으로 아나, 그때에는 주께서 나를 아신 것같이 내가 온전히 알리라."

- 고린도전서 13:12

'얼굴과 얼굴을 마주보듯이' 보게 된다는 약속은, 예전에 다른 친밀했던 관계들도 그 때가 되면 다시 복원될 것이라는 희망을 갖게 해 준다. 비록 천국에서의 관계가 구체적으로 어떤 것인지 불분명한 면도 있긴 하지만, 우리들은 그곳에서 우리들이 과거에 사랑했던 사람들과 즐거운 재회를 갖게 될 것이라는 희망을 품을 수 있다.

프랭크와 마르타는 40년이 넘게 행복한 결혼생활을 해왔다. 항공기 조종사로서, 그는 국제 여행을 자주 하게 되었고 여행 자체를 즐겼다. 마르타 역시도 여행을 좋아했다. 외아들이 장성하고 나서, 그들은 여행을 하면서 일생을 보내기로 작정했다. 마르타는 일 년 동안의 장기 여행 스케줄을 만들고, 일 년에 대여섯 번은 외국의 이런 저런 도시에서 남편을 만나 일주일 정도 함께 지내기로 했다. 비행기 표를 흥정하는 재미도 있었거니와, 색다른 도시에서 재회하는 즐거움은 여간 가슴 설레는 게 아니었다. 마르타가 자궁암이라는 판정을 받게 되자, 프랭크는 조기 은퇴를 하게 된다. 오랜 투병 끝에 마르타는 죽고 말았다.

장례식이 끝난 후 몇 주가 지나서, 프랭크와 나는 아침 식사를 함께 했다. 그는 자신이 어떻게 아내의 상실에 따른 슬픔을 극복했는지 이야기 해 주었다.

"장례식장에서, 나는 마치 아내를 공항에 데려다주는 것 같은 착각을 했지. 그녀는 어느 아름다운 도시로 떠날 것이고, 언제나 그랬던 것처럼 그곳에서 나를 기다리고 있겠지, 내가 거기 도착하면, 우리들은 우리 둘만의 오붓한 시간을 보내게 되겠지. 이런 상상 말일세.”

나 역시도 우리 가족 모두가 하늘나라에서 다시 만날 날을 기다리고 있다. 어머니는 열 한명의 자녀 중 하나였다. 아버지는 아홉 형제자매 중 하나였다. 나는 일곱째의 맏이이다.

아내 클레어도 역시 대가족 중의 하나이다. 대가족의 일원인 사람들은 작별인사를 많이 하면서 산다. 장례식에 모이는 것과 슬픔을 함께 나누는 것은 일상사 중의 하나이다.

이런 슬픈 순간이 오게 되면, 나는 나보다 먼저 죽은 사람들이 겪은 죽음이란 어떤 것일까 하고 상상해 보곤 한다. 마음 속의 눈으로, 나는 우리 가족들의 재회를 상상해 본다. 다른 새로운 식구가 도착하면, 그 사람은 먼저 간 식구들로부터 사랑과 환영을 받을 것이다.

내 상상 속에는, 할아버지이신 잭이 옛날이야기를 해 주시던 장면이 선하다. 나의 어머니와 장모님이 흔들의자에 앉아서 무릎에 손자손녀들을 안고 계신 모습이 보인다. 삼촌들 세 분은, 생전에 모두 건축 일을 하셨는데, 그들은 새로 도착하는 식구들을 위해서 그들이 영원히 살 새 집을 준비하느라고 바쁘게 일하고 계실 것이다. 그러나 이 모든 것은 나의 상상일 뿐이다. 그러나 나는 확신한다. 우리들의 사랑과 끈끈한 관계는 계속될 것이라고 말이다.

비록 그것이 이 땅 위에서건 아니면 저 하늘나라에서 이건 간에, 그 가장 가운데에는 그리스도의 사랑이 자리 잡고 있을 것이다.

작년에 나는 나의 목회생활 40년 중 가장 아름다운 장례식의 예배를 인도한 적이 있었다.

조이는 여섯 형제자매 중 맏이였다. 그녀는 학교에서 심리학을 가르쳤다. 조이는 하나님을 사랑했고, 가족들을 사랑했으며, 현대 성가(聖歌)를 좋아했고, 개들과 산책하는 시간을 즐겼다.

조이는 어머니와 자주 이야기하는 시간을 가졌다. 모녀는 가장 좋은 친구였으며 기도의 파트너였다. 남편감에 대해서 여러 차례 이야기 하던 중, 모녀는 좋은 사람을 만나게 해 달라고 함께 기도하기 시작했다. 그들은 반년 이상을 이 제목을 놓고 아주 뜨겁게 기도했다.

어느 날 갑자기 조이는 죽었다. 내가 그녀의 부모를 만났을 때, 그녀는 그들 모녀가 어떻게 남편감을 놓고 함께 기도해 왔는지를 이야기 해 주었다. 그녀의 어머니는 이렇게 말했다.

"나는 조이에게 좋은 신랑감을 보내 달라고 기도했지요. 하나님께서 이미 예비하셨다는 사실은 전혀 모른 채 말이에요. 이 장례식이 바로 조이의 결혼식이에요. 그 아이에겐 가장 큰 축복의 날이지요."

우리 교회의 꽃꽂이 전문가가 그녀의 장례식을 아름다운 꽃들로 치장해 주었다. 형형색색의 꽃과 양초와 얇은 명주 천으로 치장된 교회는 아름다운 결혼식장, 바로 그것이었다. 조이의 어머니와의 대화를 모르는 방문객들은 장례식장에 온 게 아니라 마치 결혼식장에 온 것 같은 착각을 일으킨다는 말을 농담 삼아 했다. 마지막 위로의 설교에서 나는 예수님의 말씀 중 마태복음 25장, 슬기로운 다섯 처녀의 이야기를 했다. 신랑이 밤늦게 왔을 때 준비하고 있다가 결혼식장에 들어간 처녀들 이야기 말이다. 특별찬양

순서에서 조이의 친구인 성악가가 나와서 그녀가 생전에 가장 사랑했던 '나는 단지 상상할 뿐이라네' 라는 노래를 불러 주었다.

천국은 예수님과의 개인적인 관계를 통해서 상상해 볼 수 있는 그런 곳이다. 우리들의 상상력은, 세례 요한이 밧모 섬에서 그러했듯이, 천국의 형상을 만들어 낸다. 그는 요한계시록 거의 마지막 부분에서 이렇게 천국을 묘사했다.

"또 내가 보매 거룩한 성 새 예루살렘이 하나님께로부터 하늘에서 내려오니 그 예비한 것이 신부가 남편을 위하여 단장한 것 같더라. 내가 들으니 보좌에서 큰 음성이 나서 가로되, 보라, 하나님의 장막이 사람들과 함께 있으매 하나님이 저희와 함께 거하시리니, 저희는 하나님의 백성이 되고, 하나님은 친히 저희와 함께 계셔서 모든 눈물을 그 눈에서 씻기시매, 다시 사망이 없고 애통하는 것이나 곡하는 것이나 아픈 것이 다시 있지 아니하리니, 처음 것들이 다 지나갔음이러라."

- 요한계시록 21:2 ~ 5

더 이상 눈물이 없다고?
더 이상 죽음이 없다고?
더 이상 슬퍼하는 일이 없다고?
그렇다. 나는 그런 천국을 믿고 기다릴 뿐이다!

여호와의 사랑을 받은 자는 그 곁에 안전히 거하리로다.

여호와께서 그를 날이 맞도록 보호하시고,

그로 자기 어깨 사이에 처하게 하시리로다.

- 신명기 33:12

영원하신 하나님이 너의 처소가 되시니, 그 영원하신 팔이 네 아래 있도다.

- 신명기 33:27

내가 네게 명한 것이 아니냐. 마음을 강하게 하고 담대히 하라.

두려워 말며 놀라지 말라.

네가 어디로 가든지 네 하나님 여호와가 너와 함께 하느니라.

- 여호수아 1:9

여호와여, 내가 수척하였사오니 긍휼히 여기소서.

여호와여, 나의 뼈가 떨리오니 나를 고치소서.

나의 영혼도 심히 떨리나이다. 여호와여 어느 때까지이니이까.

- 시편 6:2 ~ 3

내가 탄식함으로 곤핍하여 밤마다 눈물로 내 침상을 띄우며

내 요를 적시나이다. 여호와께서 내 간구를 들으셨음이여,
여호와께서 내 기도를 받으시리로다.

- 시편 6:7, 6:9

여호와는 나의 목자시니 내가 부족함이 없으리로다.
그가 나를 푸른 초장에 누이시며 쉴만한 물가로 인도하시는도다.
내 영혼을 소생시키시고, 자기 이름을 위하여 의의 길로 인도하시는도다.
내가 사망의 음침한 골짜기로 다닐지라도 해를 두려워 않을 것은
주께서 나와 함께 하심이라. 주의 지팡이와 막대기가 나를 안위하시나이다.
주께서 내 원수의 목전에서 내게 상을 베푸시고 기름으로 내 머리에 바르셨으니,
내 잔이 넘치나이다.
나의 평생에 선하심과 인자하심이 정녕 나를 따르리니
내가 여호와의 집에 영원히 거하리로다.

- 시편 23

하나님이여, 사슴이 시냇물을 찾기에 갈급함 같이
내 영혼이 주를 찾기에 갈급하니이다.
내 영혼이 하나님, 곧 생존하시는 하나님을 갈망하오니
내가 어느 때에 나아가서 하나님 앞에 뵈올꼬.
사람들이 종일 나더러 하는 말이 네 하나님이 어디 있느뇨 하니
내 눈물이 주야로 내 음식이 되었도다.

- 시편 42:1 ~ 3

내 영혼아 네가 어찌하여 낙망하며 어찌하여 내 속에서 불안해하는고.

너는 하나님을 바라라.

그 얼굴의 도우심을 인하여 내가 오히려 찬송하리로다.

- 시편 42: 5

내 하나님이여, 내 영혼이 내 속에서 낙망이 되므로

내가 요단 땅과 헤르몬 산과 미살산에서 주를 기억하나이다.

주의 폭포 소리에 깊은 바다가 서로 부르며 주의 파도와 물결이

나를 엄몰하도소이다. 낮에는 여호와께서 그 인자함을 베푸시고

밤에는 그 찬송이 내게 있어 생명의 하나님께 기도하리로다.

- 시편 42:6 ~ 8

여호와여, 내 기도를 들으시고 나의 부르짖음을 주께 상달케 하소서.

나의 괴로운 날에 주의 얼굴을 내게 숨기지 마소서.

주의 귀를 기울이사 내가 부르짖는 날에 속히 내게 응답하소서.

대저 내 날이 연기같이 소멸하며 내 뼈가 냉과리 같이 탔나이다.

내가 음식 먹기도 잊었음으로 내 마음이 풀같이 쇠잔하였으며,

나의 탄식 소리를 인하여 나의 살이 뼈에 붙었나이다.

- 시편 102:1 ~ 5

내 원수들이 종일 나를 훼방하며 나를 대하여

미칠 듯이 날치는 자들이 나를 가리켜 맹세하나이다.

나는 재를 양식같이 먹으며 나의 마심에는 눈물을 섞었사오니

이는 주의 분과 노를 인함이라. 주께서 나를 드셨다가 던지셨나이다.

내 날이 기울어지는 그림자 같고 내가 풀의 쇠잔함 같으니이다.

- 시편 102:8 ~ 11

내 영혼아, 여호와를 송축하라.

내 속에 있는 것들아, 다 그 성호를 송축하라.

내 영혼이 여호와를 송축하며 그 모든 은택을 잊지 말지어다.

저가 네 모든 죄악을 사하시며 네 모든 병을 고치시며,

네 생명을 파멸에서 구속하시고, 인자와 긍휼로 관을 씌우시며,

좋은 것으로 네 소원을 만족케하사 네 청춘으로

독수리같이 새롭게 하시는도다.

- 시편 103:1 ~ 5

아비가 자식을 불쌍히 여김같이 여호와께서 자기를 경외하는 자를 불쌍히

여기시나니, 이는 저가 우리의 체질을 아시며 우리가 진토임을 기억하심이로다.

인생은 그날이 풀과 같으며, 그 영화가 들의 꽃과 같도다.

그것은 바람이 지나면 없어지나니 그 곳이 다시 알지 못하거니와,

여호와의 인자하심은 자기를 경외하는 자에게 영원부터 영원까지 이르며

그의 의는 자손의 자손에게 미치리니 곧 그 언약을 지키고

그 법도를 기억하여 행하는 자에게로다.

- 시편 103:11 ~ 17

여호와께서 내 음성과 내 간구를 들으시므로 내가 저를 사랑하는도다.

그 귀를 내게 기울이셨으므로 내가 평생에 기도하리로다.

사망의 줄이 나를 두르고, 음부의 고통이 내게 미치므로

내가 환난과 슬픔을 만났을 때에, 내가 여호와의 이름으로 기도하기를

주께 구하오니, 내 영혼을 건지소서 하였도다.

여호와는 은혜로우시며 의로우시며 우리 하나님은 자비하시도다.

여호와께서는 어리석은 자를 보존하시나니,

내가 낮게 될 때에 나를 구원하셨도다.

내 영혼아, 네 평안함에 돌아갈지어다. 여호와께서 너를 후대하심이로다.

주께서 내 영혼을 사망에서, 내 눈을 눈물에서,

내 발을 넘어짐에서 건지셨나이다.

- 시편 116: 1 ~ 9

여호와여, 내가 깊은 데서 주께 부르짖었나이다.

주여, 내 소리를 들으시며, 나의 간구하는 소리에 귀를 기울이소서.

여호와여, 주께서 죄악을 감찰하실진대, 주여 누가 서리이까.

그러나 사유하심이 주께 있음은 주를 경외케 하심이니이다.

나, 곧 내 영혼이 여호와를 기다리며, 내가 그 말씀을 바라는도다.

파숫군이 아침을 기다림보다 내 영혼이 주를 더 기다리나니

참으로 파숫군의 아침을 기다림보다 더하도다.

이스라엘아, 여호와를 바랄지어다.

여호와께서는 인자하심과 풍성한 구속이 있음이라.

저가 이스라엘을 그 모든 죄악에서 구속하시리로다.

- 시편 130

너는 알지 못하였느냐, 듣지 못하였느냐.

영원하신 하나님 여호와, 땅 끝까지 창조하신 자는 피곤치 아니하시며, 곤비치

아니하시며, 명철이 한이 없으시며, 피곤한 자에게는 능력을 주시며, 무능한 자에

게는 힘을 더하시나니, 소년이라도 피곤하며 곤비하며, 장정이라도 넘어지며

자빠지되, 오직 여호와를 앙망하는 자는 새 힘을 얻으리니 독수리의 날개 치며

올라감 같을 것이요, 달음박질하여도 곤비치 아니하겠고,

걸어가도 피곤치 아니하리로다.

- 이사야 40:28 ~ 31

우리의 전한 것을 누가 믿었느뇨. 여호와의 팔이 뉘게 나타났느뇨.

그는 주 앞에서 자라나기를 연한 순 같고 마른 땅에서 나온 줄기 같아서,

고운 모양도 없고 풍채도 없은 즉, 우리의 보기에 흠모할만한

아름다운 것이 없도다.

그는 멸시를 받아서 사람에게 싫어버린 바 되었으며,

간고를 많이 겪었으며 질고를 아는 자라.

마치 사람들에게 얼굴을 가리우고 보지 않음을 받는 자

같아서 멸시를 당하였고, 우리도 그를 귀히 여기지 아니하였도다.

그는 실로 우리의 질고를 지고 우리의 슬픔을 당하였거늘,

우리는 생각하기를 그는 징벌을 받아 하나님에게 맞으며,

고난을 당한다 하였노라.

그가 찔림은 우리의 허물을 인함이요, 그가 상함은 우리의 죄악을 인함이라.

그가 징계를 받음으로 우리가 평화를 누리고 그가 채쩍에 맞음으로

우리가 나음을 입었도다.

우리는 다 양 같아서 그릇 행하여 각기 제 길로 갔거늘 여호와께서는

우리 무리의 죄악을 그에게 담당시키셨도다.

- 이사야 53:1 ~ 6

수고하고 무거운 짐 진 자들아, 다 내게로 오라.

내가 너희를 쉬게 하리니.

- 마태복음 11:28

나는 부활이요 생명이니 나를 믿는 자는 죽어도 살겠고,

무릇 살아서 나를 믿는 자는 영원히 죽지 아니하리니…

- 요한복음 11:25 ~ 26

너희는 마음에 근심하지 말라.

하나님을 믿으니 또 나를 믿으라.

내 아버지 집에 거할 곳이 많도다.

그렇지 않으면 너희에게 일렀으리라.

내가 너희를 위하여 처소를 예비하러 가노니,

가서 너희를 위하여 처소를 예비하면, 내가 다시 와서 너희를 내게로 영접하여

나 있는 곳에 너희도 있게 하리라.

- 요한복음 14:1 ~ 3

평안을 너희에게 끼치노니 곧 나의 평안을 너희에게 주노라.

내가 너희에게 주는 것은 세상이 주는 것 같지 아니하니라.

너희는 마음에 근심도 말고 두려워하지도 말라.

- 요한복음 14:27

생각건대 현재의 고난은 장차 우리에게 나타날 영광과 족히 비교할 수 없도다.

- 로마서 8:18

피조물이 다 이제까지 함께 탄식하며 함께 고통 하는 것을 우리가 아나니,

이 뿐 아니라 또한 우리, 곧 성령의 처음 익은 열매를 받은 우리까지도

속으로 탄식하여 양자될 것, 곧 우리 몸의 구속을 기다리느니라.

우리가 소망으로 구원을 얻었으매, 보이는 소망이 소망이 아니니

보는 것을 누가 바라리요.

만일 우리가 보지 못하는 것을 바라면 참음으로 기다릴지니라.

이와 같이 성령도 우리 연약함을 도우시나니 우리가 마땅히 빌 바를

알지 못하나 오직 성령이 말할 수 없는 탄식으로 우리를 위하여

친히 간구하시느니라.

- 로마서 8:22 ~ 26

이 썩을 것이 썩지 아니함을 입고, 이 죽을 것이 죽지 아니함을 입을 때에는,

사망이 이김의 삼킨 바 되리라고 기록된 말씀이 응하리라.

사망아, 너의 이기는 것이 어디 있느냐.

사망아, 너의 쏘는 것이 어디 있느냐.

사망의 쏘는 것은 죄요. 죄의 권능은 율법이라.

우리 주 예수 그리스도로 말미암아

우리에게 이김을 주시는 하나님께 감사하노라.

- 고린도전서 15:54 ~ 57

찬송하리로다.

그는 우리 주 예수 그리스도의 하나님이시요, 자비의 아버지시요,

모든 위로의 하나님이시며, 우리의 모든 환난 중에서 우리를 위로하사

우리로 하여금 하나님께 받는 위로로써 모든 환난 중에 있는 자들을

능히 위로하게 하시는 이시로다.

그리스도의 고난이 우리에게 넘친 것 같이

우리의 위로도 그리스도로 말미암아 넘치는 도다.

- 고린도후서 1:3 ~ 5

그러므로 우리가 낙심하지 아니하노니 겉 사람은 후패하나

우리의 속사람은 날로 새롭도다.

우리의 잠시 받는 환난의 경한 것이 지극히 크고 영원한 영광의 중한 것을

우리에게 이기게 함이니 우리의 돌아보는 것은 보이는 것이 아니요

보이지 않는 것이니, 보이는 것은 잠간이요, 보이지 않는 것은 영원함이니라.

- 고린도후서 4:16 ~ 18

형제들아, 자는 자들에 관하여는 너희가 알지 못함을 우리가 원치 아니하노니,

이는 소망 없는 다른 이와 같이 슬퍼하지 않게 하려 함이라.

우리가 예수의 죽었다가 다시 사심을 믿을진대,

이와 같이 예수 안에서 자는 자들도 하나님이 저와 함께 데리고 오시리라.

우리가 주의 말씀으로 너희에게 이것을 말하노니,

주 강림하실 때까지 우리 살아남아 있는 자도

자는 자보다 결단코 앞서지 못하리라.

주께서 호령과 천사장의 소리와 하나님의 나팔로

친히 하늘로 좇아 강림하시리니 그리스도 안에서 죽은 자들이 먼저 일어나고

그 후에 우리 살아남은 자도 저희와 함께 구름 속으로 끌어올려

공중에서 주를 영접하게 하시리니 그리하여 우리가 항상 주와 함께 있으리라.

- 데살로니가 전서 4:13 ~ 17

내가 들으니 보좌에서 큰 음성이 나서 가로되,

보라, 하나님의 장막이 사람들과 함께 거하시리니,

저희는 하나님의 백성이 되고 하나님은 친히 저희와 함께 계셔서 모든 눈물을

그 눈에서 씻기시매, 다시 사망이 없고 애통하는 것이나 곡하는 것이나

아픈 것이 다시 있지 아니하리니 처음 것들이 다 지나갔음이러라.

- 요한계시록 21:3 ~ 4

슬픔에 관한 책들이 많이 있지만, 아래에 열거하는 책들은 그 중에서도 나에게 많은 도움을 주었던 책들이다.

- John Claypool, 《Tracks for a Fellow Struggle : How to Handle Grief》 Revised Edition, Insight Press, New Orleans 1995

저명한 목사님의 가슴으로부터 나오는 절절한 명 설교집. 이 책은 자기 딸, Laura Lou가 병에 들어 고통스러워 할 때, 그리고 딸이 죽고 난 후에 교회에서 성도들에게 한 연설모음이다.

- David Cox & Candy Arrington 《Aftershock : Help, Hope, and Healing in the Wake of Suicide》 Broadman & Holman, 2003, Nashville

나는 특히 자살로 가족이나 친구를 잃고 난 후 슬픔에 젖어있는 사람들에게 이 책을 권한다. 저자인 데이비드는 목사이자 카운슬러로 자기 아버지를 자살로 잃은 사람이다. 캔디는 독실한 기독교 신자로 자살로 목숨을 끊은 사람들의 유가족들의 슬픔을 누구보다도 잘 이해하며 그들의 슬픔을 가슴 찡한 언어로 묘사하는 탁월한 재능을 지녔다.

- C. S. Lewis 《Grief Observed》 HaperCollins 1996, New York

세계에서 가장 유명한 크리스천인 루이스의 명저이다. 자신의 아내인 조이의 죽음에 따른 슬픔에 잠겨 있을 때 그에게는 여러 가지 시련이 찾아온다. 그 중에서도 믿음의 도전에 관하여 자신이 그것을 어떻게 대처했는지에 관하여 쓴 책이다.

- Harold Ivan Smith 《A December Grief : Living with Loss while Others are Celebrating》 Beqacon Hill, 1999, Kansas City

작가는 상담 치유사이며 슬픔에 관한 카운슬러이다. 그는 12월이 슬픔을 당한 사람들에게 가장 슬픈 달이라는 것을 잘 알고 이 책을 썼다.

- Granger E. Westberg 《Good Grief》 Minneapolis Fortress 1971

이 책은 지난 48년간 변함없이 독자들의 사랑을 받고 있는 '슬픔 치유학'의 고전이다.

- Nicholas Wolterstrorff 《Lament for a Son》 Eerdmans 1987

저자는 예일 대학교의 신학철학 교수이다. 저자는 아들 에릭이 산악 등반 도중 추락사로 인하여 죽고 난후 그가 겪은 마음의 고통들을 틈틈이 편지 형식으로 썼는데, 이 책은 그것들을 한데 묶은 에세이집이다.